Technical Foresight Research of Green Cars' Power System-Based on Patent Information

基于专利情报的
新能源汽车动力系统技术预见研究

张红辉 石璐珊 董莎 等 著

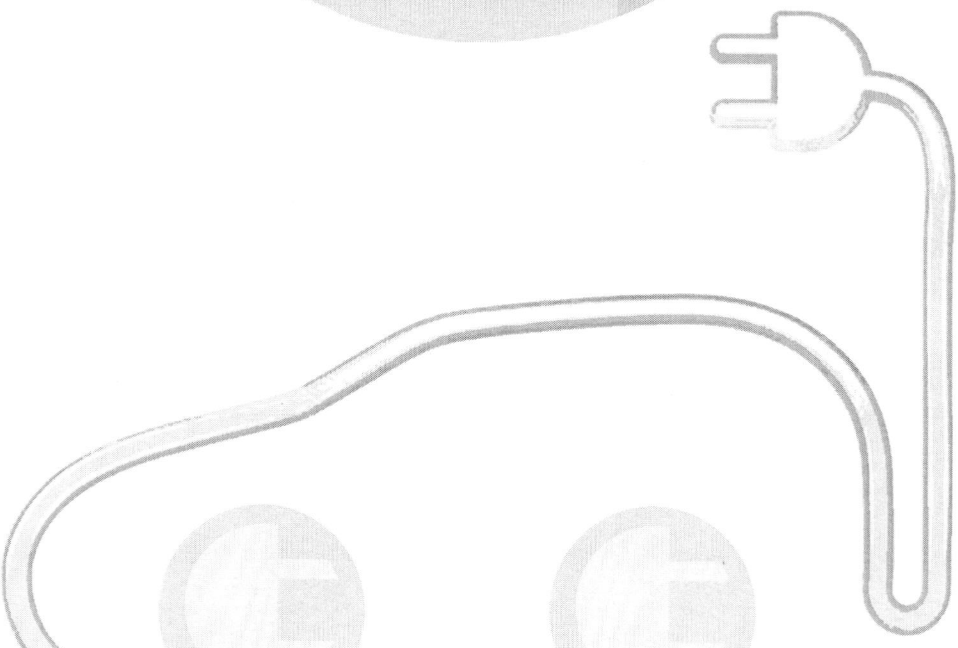

知识产权出版社
全国百佳图书出版单位

图书在版编目（CIP）数据

基于专利情报的新能源汽车动力系统技术预见研究 / 张红辉等著 . —北京 : 知识产权出版社 , 2017.5

ISBN 978-7-5130-4896-5

Ⅰ . ①基… Ⅱ . ①张… Ⅲ . ①新能源—汽车—动力系统—研究 Ⅳ . ① U469.7

中国版本图书馆 CIP 数据核字（2017）第 109108 号

内容简介

随着绿色经济的推进，新能源汽车迎来了新一轮的发展机遇。动力系统作为支撑新能源汽车发展的主要元部件，是决定新能源汽车整体质量的关键。本书将运用专利情报分析手段，按照技术链、创新链等协同机制，从锂电池、燃料电池、超级电容三个角度，对全球新能源汽车动力系统的专利技术布局展开研究，绘制全球技术布局重点，并对相关创新资源进行梳理，提出全球创新链的配置方向。

责任编辑：田 姝　　　　**责任出版：**孙婷婷

基于专利情报的新能源汽车动力系统技术预见研究

JIYU ZHUANLI QINGBAO DE XINNENGYUAN QICHE DONGLI XITONG JISHU YUJIAN YANJIU

张红辉　石璐珊　董莎　等　著

出版发行：知识产权出版社有限责任公司
电　　话：010–82004826
社　　址：北京市海淀区气象路50号院
责编电话：010–82000860转8598
发行电话：010–82000860转8101
印　　刷：北京中献拓方科技发展有限公司
开　　本：787mm × 1092mm　1/16
版　　次：2017年5月第1版
字　　数：140千字
网　　址：http://www.ipph.cn
http://www.laichushu.com
邮　　编：100081
责编邮箱：tianshu@cnipr.com
发行传真：010–82000893
经　　销：各大网上书店、新华书店及相关书店
印　　张：9.5
印　　次：2017年5月第1次印刷
定　　价：48.00元

ISBN 978-7-5130-4896-5

前　言

一直以来，文明的进步就是能量输出强度的进步。18 世纪工业革命的重大意义就在于蒸汽机和内燃机的推广，改变了以煤炭、石油为代表的基础能源的能量密度，从而推动了 GDP 的指数型增长。然而从目前全球的能源结构来看，化石能源依然居于绝对主导地位，全球已探明的石油储量只能支撑 30 年，即使技术进步能将石油使用寿命再延长几十年，但总还是有用光的一天。多年来，各国都在寻求一场新的能源结构革命。

汽车产业作为全球碳排放第二大产业，面临着越来越严重的能源消费和环境污染问题。目前世界汽车保有量已突破 10 亿辆，并以每年 3000 万辆的速度递增。预计到 2020 年全球汽车保有量将达到 12 亿辆，主要增幅来自发展中国家。我国的汽车行业发展迅速，已成为仅次于日本的世界第二大汽车生产国和第一大汽车消费国，汽车产销保持快速增长，作为能源消费大国，我国的石油资源短缺，石油进口量以每年两位数的百分比增长。因此，在我国研究发展新能源汽车不是一个临时的短期措施，而是具有重大意义且深远战略考虑的。

当前，全球新一轮科技革命和产业变革蓄势待发，创新引领发展的趋势更加明显。目前替代石油动力车的主流技术路线就是新能源汽车。新能源汽车主要包括电动汽车、超级电容汽车和燃料电池汽车。电动汽车所需的能源是由发电厂提供的电力给蓄电池充电而获得的，电能可由煤炭、天然气、核能、太阳能、风能等多种能源转换而得，因此，电动汽车所需的能源结构可实现多样化；燃料电池汽车的排放产物只有水蒸气，环保方面的优势明显，同时还拥有数倍于电动汽车的续航里程；超级电容具有快速充放电、功率密度高、循环使用寿命长、绿色环保等特点，运用到汽车领域有巨大的应用价值和较大的市场空间。对新能源汽车而言，电机、电池和电控系统是其关键核心技术，而电池动力系统又是其区别于传统汽车最关键、最核心的环节，占据了整个新能源汽车产业价值链的顶端，对整车的动力性、经济性、可靠性和安全性等有着重要影响，因此，本书围绕新能源汽车的动力系统展开研究。

2016 年 10 月 26 日，在 2016 中国汽车工程学会年会上，受国家制造强国战略咨询委员会、工业和信息化部委托，清华大学教授欧阳明高作为代表发布了备受关注的《节能与新能源汽车技术路线图》，描绘了我国汽车产业技术未来 15 年的发展蓝图，新能源汽车将逐渐成为主流产品，汽车产业将初步实现电动化转型。然而，对于新能源汽车的具体技术路径和发展方向，业内存在不同的声音，为此需要采用业界普遍认可的科学方法，对新能源汽车的具体技术路径和发展方向进行分析和预见。

随着我国经济发展进入新常态，为深入实施创新驱动发展战略，2015 年 12 月，国务院发布了《关于新形势下加快知识产权强国建设的若干意见》，对“十三五”及未来一个时期加快知识产权强国建设作出了战略部署，明确提出要致力于充分发挥知识产权的作用，保障和支撑创新驱动发展战略的有效实施。其中，专利信息的利用具有极其重要的作用。开展专利分析工作，是有效利用专利信息、降低运营风险、防范专利权纠纷、进行产业技术预见的重要手段，是有效开发和保护自主知识产权、提升产业竞争优势的重要途径。为此，通过运用中国专利数据库、Innography 检索系统等专利分析检索工具，对相关领域的技术发展现状、未来发展的具体路径和重点趋势等进行分析研究，是目前技术预见研究的热点之一。

本书是宁波市“十三五”重点战略课题“宁波市‘十三五’重点领域技术预见研究”的成果，共 5 章。前言部分阐述了本书的研究意义和研究重点。第 1 章重点介绍了新能源汽车的总体发展情况，从国外、国内两个维度进行研究，阐述了各国扶持新能源汽车的发展举措，国外主要汽车生产商的生产情况和我国，包括地方政府，发展新能源汽车的相关举措，以及国内主要汽车生产商的生产情况。第 2 章基于专利信息检索工具，分别对纯电动汽车、车用燃料电池、超级电容等新能源汽车的动力系统的专利技术进行深入分析，聚焦专利趋势、地域分布、主要申请人、专利质量等方面，较好地说明了纯电动汽车动力电池、车用燃料电池及超级电容的专利布局和拥有情况，厘清了这三类电池的专利技术发展情况。第 3 章对新能源汽车动力系统的创新链进行梳理，给出了新能源汽车动力系统领域国内外重点的研发机构、生产企业和产业组织的情况，并综合各创新资源在国内外的分布情况，绘制了创新资源地图。第 4 章对新能源汽车动力系统的产业链发展情况进行分析，对上中下游的技术物质供求关系、主要产品与服务进行梳理分类。第 5 章对新能源汽车动力系统的技术趋势进行预见，运用技术功效图对新能源汽车动力系统的未来技术发展趋势进行展望，供有关部门参考。

本书各章的著者分工如下：第 1 章，张红辉；第 2 章，石璐珊、周一行、董莎、王元明；第 3 章，石璐珊、周一行、董莎、王元明；第 4 章，石璐珊、周一行、王元明；第 5 章，石璐珊、周一行、王元明。全书由张红辉和石璐珊做最后修订和统稿。

本书不仅展现了全球新能源汽车的发展状况，全球新能源汽车产业动力系统的技术创新和竞争态势，还对我国新能源汽车动力系统的技术、专利及创新资源储备情况进行了深度调研，为读者开展新能源汽车产业专利、产业创新和竞争分析提供了一个简明的框架，具有客观、系统和具象化的特点，对于企业研发管理、行业投资分析和政府科学决策将具有很好的参考价值。

目　录

第1章　新能源汽车发展状况

汽车产业是国民经济的重要支柱产业。当前，随着我国经济的高速发展，以及城镇化进程的加速，汽车正以较快的增长速度走入千家万户。我国汽车保有量居全球第二位，由此带来的能源、环境污染等问题也越来越突出。

2010年，《国务院关于加快培育和发展战略性新兴产业的决定》将新能源汽车确定为中国七大战略性新兴产业之一，指出要着力突破动力电池、驱动电机和电子控制领域关键技术，推进插电式混合动力汽车、纯电动汽车推广应用和产业化。要加强燃料电池汽车相关前沿技术研发，大力推进高能效、低排放节能汽车发展。党的十八大后，绿色发展理念加速推进，“既要金山银山，也要绿水青山，绿水青山就是金山银山”的理念深入人心。由于新能源汽车能有效降低汽车燃料消耗量，缓解燃油供求矛盾，显著减少尾气排放，改善大气环境，所以迎来了极好的发展机遇。

2007年11月发布的《新能源汽车生产准入管理规则》首次明确了新能源汽车的概念和范围。新能源汽车是指采用非常规的车用燃料，即采用新型动力系统作为动力来源（或使用常规的车用燃料、采用新型车载动力装置），综合车辆的动力控制和驱动方面的先进技术，形成的技术原理先进，具有新技术、新结构的汽车。从广义上来讲，用比较清洁的代燃料和电能为发动机提供动力的汽车均可称为新能源汽车，包括纯电动汽车、混合动力汽车、燃料电池汽车等类型，如图 1-1 所示。

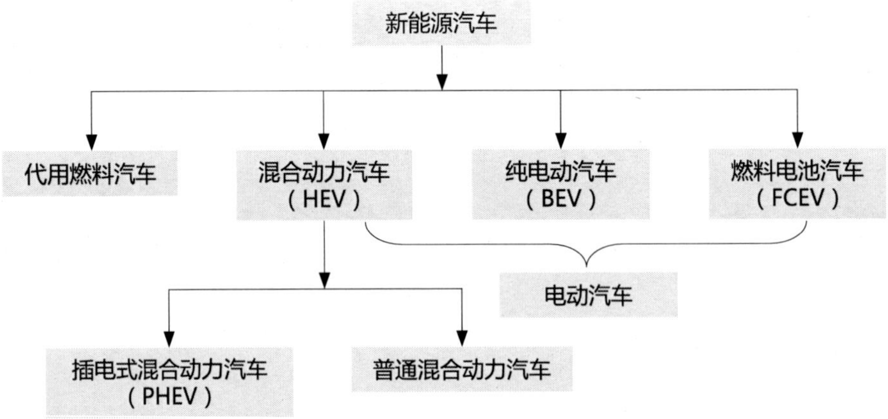

图 1-1 新能源汽车种类示意图

纯电动汽车（Battery Electrical Vehicles，BEV）也称为电池电动汽车，是一种采用单一蓄电池作为储能动力源的汽车。它利用蓄电池作为储能动力源，通过电池向电机提供电能，驱动电动机运转，从而推动汽车前进。电能是二次能源，它可以来源于风能、水能、核能、热能、太阳能等多种方式，因此纯电动汽车是非常有发展前景的替代能源汽车。虽然纯电动汽车离真正的商业化还有一定距离，但它在充电时间、续航里程、动力性、快速充放电能力等方面已经取得了很大进展。

插电式混合动力汽车（Plug-in Hybrid Electric Vehicle，PHEV），是在传统混合动力汽车基础上研发而来，可使用电力网对电池进行充电的混合动力汽车，是电动汽车发展过程中出现的一种低油耗、低排放且不受续航里程限制，兼具纯电动汽车、混合动力汽车和传统燃油汽车优点的新型新能源汽车。相比普通混合动力汽车，插电式混合动力汽车降低了石油的使用量和使用率、车辆使用成本，改善了燃油经济性，平均减少 50% 的油耗和二氧化碳的输出，实现低噪声、高能效，且能突破电池容量限制，续航里程是纯电动汽车的 10 倍；而且可在夜间用电低谷时段使用家用电网充电，改善电厂发电机组效率。目前插电式混合动力汽车的市场接受度相对高于普通混合动力汽车、纯电动汽车，在纯电动汽车动力电池技术及其配套设施未取得突破性进展前，成为现阶段新能源汽车的新宠和全球研发新热点。它将是一种由混合动力汽车向纯电动汽车发展的过渡性产品，也是向清洁能源汽车过渡的优选方案之一。但是由于能源储存和补充是插电式混合动力车发展的关键所在，未来亟须容量大、体积小的高效电池来有效提升插电式混合动力车的续航里程。超级电容应运而生，其中大容量超级电容成为理想动力电池的研究方向，也是本书介绍的重点。

燃料电池汽车（Fuel Cell Electric Vehicle，FCEV 或 FCV）是一种以氢气、甲醇等为燃料，通过化学反应产生电流，依靠电机驱动的汽车，其电池能量通过氢气和氧气的化学作用而不是经过燃烧转化而成，直接变成电能。燃料电池的化学反应过程不会产生有害产物，因此燃料电池车辆是无污染汽车，其能量转换效率比内燃机要高 2~3 倍。燃料电池汽车按照动力源构造不同，可以分为纯燃料电池汽车和混合燃料电池汽车两类，纯燃料电池汽车只有燃料电池一个动力源，汽车的所有功率负荷都由燃料电池承担；混合燃料电池汽车在燃料电池的基础上，增加了一组电池。在车辆行驶过程中燃料电池只能提供整车需求功率的一部分，不足的部分由蓄电池来提供。

纯电动汽车、混合动力汽车和燃料电动汽车的结构见图 1–2。

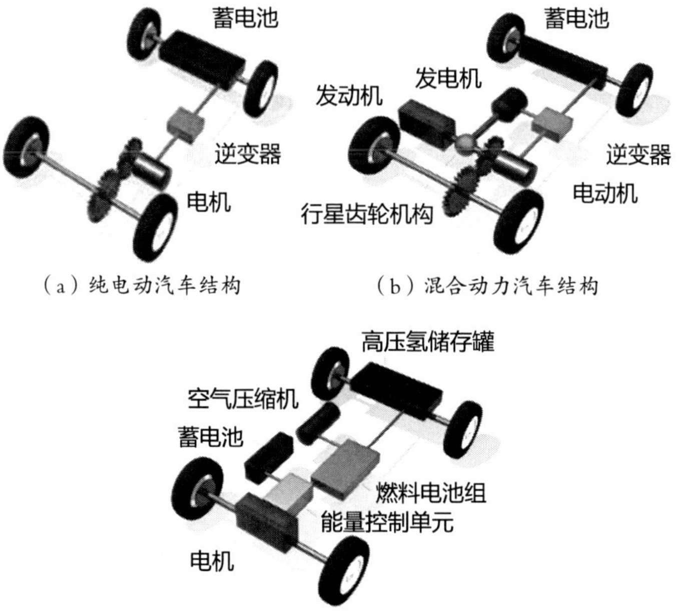

（a）纯电动汽车结构　　（b）混合动力汽车结构

（c）燃料电池汽车结构

图 1–2　纯电动汽车、混合动力汽车和燃料电池汽车的结构示意图

1.1 各国完善扶持新能源汽车的政策

作为解决绿色出行的重要方案，各国均将发展新能源汽车上升为国家的产业政策，通过加大研发扶持力度、鼓励科技成果转化、推进示范应用推广计划、加快建立用户补贴机制等方式，扶持新能源产业发展。从具体扶持领域来看，在纯电动汽车和混合动力汽车领域，政策扶持的方向聚焦于科技成果转化、新技术新产品的推进示范应用与推广；在燃料电池汽车领域中，政策扶持聚焦于新技术研发创新。

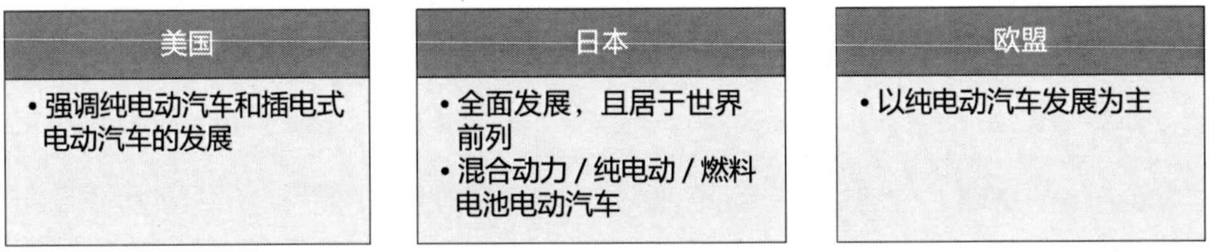

图 1-3 主要国家和地区新能源汽车重点发展方向

美国是率先鼓励新能源汽车发展的国家，早在克林顿时代，就启动实施了“新一代汽车伙伴计划”（PNGV 计划），旨在推动新能源技术的研发与转化应用。21 世纪初，制定出台了《2001 年美国未来能源保证法案》《美国新的综合性能源计划》《美国下一代电动汽车协议》等政策法规，通过立法支持新能源技术发展，大力推进纯电动汽车、混合动力汽车、燃料电池汽车发展，并提出在未来十年将投入 10 亿美元，加快充电站等基础设施建设，普及推广新能源汽车。2008 年以来，美国加大了新能源汽车推广力度，在《美国复苏与再投资法案》中，将新能源作为发展重点之一，实现能源消费减量。2015 年 12 月初，美国能源部宣布出资 3500 万美元，推动氢及燃料电池技术进步。加利福尼亚州承诺每年提供至少 2000 万美元资金，直到 100 座加氢站如期建成，并为燃料电池汽车购买者提供高达 6500 美元的补贴等。

日本政府非常重视新能源汽车的研发和推广，自 20 世纪 80 年代开始，日本政府便投入超过 200 亿日元用于燃料电池的研发，已持续支持超过 30 年，每年平均资助超过 1 亿美元，计划要在 2010—2020 年这十年普及燃料电池汽车 500 万辆，到 2030 年燃料电池车达到 1500 万辆，在日本全国汽车市场的占有率将达到 1/5。通过换购补贴、混合动力汽车补贴、政府购买“低公害车”补贴等方式，加快布局快速充电站、家用普通充电桩等配套设施，支持新能源汽车推广应用。2010 年，日本经济产业省公开的《新一代机动车战略 2010 指导规划》指出，到 2020 年将为纯电动汽车建成 5000 个快速充电站、200 万个家用普通充电桩，提高民众购买纯电动汽车、插电式混合动力汽车等新能源汽车的积极性。2015 年，日本国立研究开发法人“新能源及产业技术综合开发机构”（简称 NEDO，日本的科技计划管理机构之一）宣布部署新的燃料电池汽车研发项目。

欧盟对推动新能源汽车发展也是不遗余力，在 20 世纪 90 年代左右开始布局。由于其关注节能和减排，政策更聚焦于节能技术的研发、可再生能源的使用以及节能汽车的购买补贴，先后发布《欧盟能源政策绿皮书》《欧盟未来能源：可再生能源绿皮书》《发展可再生能源指令》等，并在第七框架计划中安排了 4.5 亿欧元，用于燃料电池汽车及其基础设施研发。欧盟积极推动新能源汽车的示范应用，部分国家相继出台了对电动汽车的减税、免税或补贴政策，如欧洲汽车制造商协会的《2010 税收导则》，除意大利和卢森堡，所有西欧国家都出台了对电动车的减税、免税或补贴政策。

德国遵循“先研发、后市场”的路径，确立开展电池与蓄电装置、电动车辆技术、基础设施技术与系统网络集成等重点技术研发，并在 2009 年 8 月通过了“电动汽车国家发展计划”,2010 年成立了“电动汽车国家平台”，争取在技术研发和市场开发方面引领世界。相比美国、日本等国家，德国并不直接补贴生产企业和用户方，而是鼓励降低汽车用车成本，并积极采取税收优惠政策，如 2015 年之前购买电动汽车的消费者，可享受 10 年免缴行驶税。同时规定，电动汽车停车和行驶具有优先权，堵车时可使用公交车道。

法国不断加大研发投入，鼓励支持发展电池纯电动汽车、可充电混合动力汽车、插电式汽车、燃料电池汽车等新能源汽车，并相继出台《新车置换金》《法国清洁汽车购买奖励体系》等政策法规，完善新能源汽车补贴制度，推动新能源清洁汽车的推广应用。

英国在 2003 年就建立了由 300 多个政府部门、汽车与燃料企业、环境组织、科研机构等参与的咨询性组织“低碳汽车伙伴关系”，并在出资 2000 万欧元完成“超低碳汽车示范计划”后，启动实施 2.5 亿欧元的“低碳汽车创新平台”计划，用于低碳排放汽车的研发。在推动新能源汽车研发和推广的同时，投入15亿英镑完善充电基础设施建设。出台《私人购买新能源汽车补贴细则》等相关政策，鼓励消费者购买新能源汽车，加强新的技术和产品宣传推广。

具体来说，几个主要国家制定了以下鼓励政策和行动计划，用于支持新能源汽车在本国的发展，具体见表1-1。

表1-1 各国新能源汽车鼓励政策及行动计划

国家/区域	纯电动和混合动力汽车		燃料电池汽车
	鼓励政策	行动计划	支持措施
美国	《美国清洁能源与安全法案》 《美国下一代电动汽车协议》 《电动汽车发展法案》 《美国电动车充电器减税优惠政策》	PNGV计划（新一代汽车伙伴计划）； AVP计划（先进汽车计划）； Freedom CAR计划（自由汽车计划）； 美国先进科技汽车制造贷款计划（ATVM贷款计划）； 能源部资助计划； 工作场所充电计划； 车辆技术资助计划	2006年启动国家燃料电池公共汽车计划； 2015年，美国国会向美国能源部氢和燃料电池项目拨款约1.17亿美元，另外还有3000万美元用于固体氧化物燃料电池相关研发活动； 2015年5月，康涅狄格州能源和环保部门推出了康涅狄格州氢和电动汽车购买返利计划（CHEAPR），向燃料电池车消费者提供3000美元的补贴，并为销售此类车型的经销商提供奖金； 2015年6月，康涅狄格州提供45万美元补贴，在大哈特福德地区帮助开发和运营两座公共加氢站。2015年12月初，美国能源部宣布出资3500万美元，推动氢及燃料电池技术进步。加州承诺每年提供至少2000万美元资金，直到100座加氢站如期建成；为燃料电池车购买者提供高达6500美元的补贴等
日本	《下一代汽车的补助金制度》 《日本电动汽车购买补助手册》 《高性能车用充电电池项目》 2009年“革新型蓄电池尖端科学基础研究专项”项目； 2010年，“下一代汽车战略（2020）” 2011年，鼓励引进电动汽车的新优惠措施，发布税制改革大纲； 2013年出台购车减税政策和充电站建设补贴政策，针对电动汽车充电设施提供1005亿日元财政补贴	2009年，启动新一代汽车计划； 以2020年为目标，拟投入210亿日元用于电动汽车的新型大容量电池研发，该电池可将电动汽车的续航里程提高3倍，达到500千米	自20世纪80年代开始，日本政府便投入超过200亿日元用于燃料电池的研发，目前政府已持续支持近30年，每年平均资助超过1亿美元。计划2010—2020年普及燃料电池汽车500万辆，到2030年燃料电池车达到1500万辆，在日本全国汽车市场的占有率将达到1/5； 2002年开展氢能及燃料电池示范项目，制订计划措施保障燃料电池的生产推广； 2015年，日本国立研究开发法人“新能源及产业技术综合开发机构”（简称NEDO，日本的科技计划管理机构之一）宣布部署新的燃料电池汽车研发项目

（续表）

国家 / 区域	纯电动和混合动力汽车		燃料电池汽车
	鼓励政策	行动计划	支持措施
欧盟	欧洲汽车制造商协会《2010 税收导则》 《欧盟能源政策绿皮书》 《欧盟未来能源：可再生能源绿皮书》 《发展可再生能源指令》 清洁能源和节能汽车欧洲战略	促进技术革新、研发新型汽车发展计划； 奥地利：25 万辆推广计划； 丹麦：至 2020 年，电动汽车占新售车辆 1/10	第七框架计划中安排 4.5 亿欧元，用于燃料电池汽车及其基础设施研发； 自 2001 年 11 月起阿姆斯特丹、巴塞罗那、汉堡、伦敦、卢森堡、马德里、波尔图、斯德哥尔摩等城市开展燃料电池公共汽车示范运行； 2008 年，欧洲议会通过《氢能源和燃料电池联合技术发展计划》，提供 10 亿欧元科研经费用于燃料电池技术的研究
德国	《国家电动车发展计划》2009—2012 年投入 5 亿欧元用于纯电动和插电式混合动力汽车的研发产业化； 德国经济部和交通部共同开启了针对德国电动汽车产业的“视窗工程”； 通过首部《电动汽车法》； 德国追加 30 亿欧元鼓励发展电动汽车； 2016 年 5 月出台财政补贴政策，计划向购买电动汽车的用户提供 12 亿欧元补贴	综合能源与气候计划，将电动汽车作为重要的交通工具，并提出要制定明确的电动汽车发展规划； 国家电动交通发展计划，提出到 2020 年电动汽车保有量达到 100 万辆，并设立了“国家电动汽车平台”（NPE）； 给予电动汽车道路交通特权	启动国家燃料电池及氢能创新计划，政府和企业拟累计投资 14 亿欧元
法国	《新车置换金》 《法国清洁汽车购买奖励体系》 法国加大清洁汽车补贴力度		2015 年推广电动汽车 10 万辆
英国	《私人购买新能源汽车补贴细则》 低碳汽车示范运行于研发资助政策 英国补贴政策	英国先导计划； 英国“绿色复苏”计划； 英国政府投入 15 亿英镑完善充电基础设施建设	继出资 2000 万欧元完成“超低碳汽车示范计划”后，启动“低碳汽车创新平台”计划，政府和企业联合资助 2.5 亿欧元用于该计划，包含燃料汽车在内的低碳排放汽车研发； 大力发展新能源氢燃料电池汽车，计划在 2030 年之前使英国氢燃料电池汽车的保有量达到 160 万辆，并在 2050 年之前使其市场占有率达到 30%~50%

1.2　国外主要汽车生产商的新能源汽车发展情况

在国家产业政策的支持和自身发展目标的引导下，世界主要汽车生产商也逐渐进入新能源汽车这一发展领域，争取在这场新能源汽车市场的争夺中拥有更多的主动权。

通用集团和丰田是在新能源汽车领域率先量产的两家公司。20 世纪 90 年代，通用集团已有型号为 EV1 的电动汽车投放市场，但由于蓄电池技术的问题，如续航里程短、充电时间长，EV1 只生产了 1117 辆后就停产了。随着电动汽车电池技术的突破，包括续航里程、使用效率等的提高，通用集团在 2005 年后又将新能源技术作为发展重点之一，

2010年后推出了纯电动汽车雪佛兰Volt增程型电动汽车、雪佛兰Bolt纯电动汽车、别克新君越全混动版、雪佛兰迈锐宝XL全混动版、凯迪拉克CT6插电混动版等车型，其中雪佛兰Bolt纯电动汽车作为一款长距离电动汽车，最大续航里程可达到320千米。

丰田在1997年推出了全球首款量产混合动力汽车普锐斯，截至2016年4月，其全球累计销量已超过900万辆。目前丰田已在公司的十几种车型上采用了混合动力技术。虽在混合动力方面颇有建树，但丰田一直将燃料电池企业量产作为企业发展的目标之一。2014年12月15日，丰田量产版的氢燃料电池车Mirai在日本正式上市，使用了液态氢作为动力能源，液态氢被储存在位于车身后半部分的高压储氢罐中。液态氢添加的过程与传统添注汽油或者柴油相似，充满Mirai的储氢罐大约需要3~5分钟，在JC08工况下，Mirai的氢储量可以支持700千米续航里程。2016年2月Mirai完成了在德国10万千米的测试。此外，本田也加大了混合动力技术的研发投入，在日本国内有47%的本田汽车是混合动力汽车。日产和三菱等公司则聚焦于纯电动汽车。2010年，日产推出了纯电动汽车LEAF，在北美市场销量领先，其最新款一次充电续航里程达280千米，可基本满足中短距离交通需求。

作为纯电动汽车的新贵，特斯拉（Tesla Motors）成立于2003年，2008年2月第一辆Roadster交付，续航里程超过了350千米，目前已拥有Tesla Roadster、Tesla Model S、双电机全轮驱动Model S、Tesla Model X等若干款车型。其中，Tesla Model S纯电动轿车已于2012年6月上市，一次充电续航里程达到了480千米。

相比美国和日本的汽车厂商，德国汽车厂商在新能源汽车方面攻城略地的步伐稍显保守。2010年，奔驰汽车推出了Smart Fortwo，成为第一家在德国供应电动车的汽车制造商。2014年以来，戴姆勒围绕纯电动汽车的新一代电池、全新的驱动技术以及自动驾驶等已累计研发投入超过120亿美元。并推出S500插电式混合动力车型，更多的插电式混动车型将在未来几年内陆续推出。预计奔驰第一辆纯电动汽车于2019年推出，续航里程可达500千米。并将于2017年推出首款插电式燃料电池车GLCF-CELL，车辆的底盘上搭载了两块由碳纤维包裹的氢燃料电池，每块电池约重4kg，续航里程长达500千米。大众集团目前的新能源汽车产品主要是以插电式混合动力和纯电动为主，先后有electric up、高尔夫 GTE、奥迪 A3 e-tron 等多款车型问世。宝马发布了面向未来的“第一战略”，聚焦新能源汽车、车联网和自动驾驶。2015 年宝马新能源汽车 i 系列实现了 65.9% 的销售增长，销量已经超过 5 万辆。2016 年底，BMWi3 也增加了新车型，且其电池容量提升 50%。2018 年将推出一款基于 i8 的新车型 BMW i8 Roadster。在插电混合动力方面，宝马将 I Performance 系列作为产品主导。同时在燃料电池技术上也保持研发投入，确保技术领先地位。氢燃料电池技术目前被应用在小部分的 BMW 5 GT 上。

现代汽车集团为抢占新能源汽车市场的领先地位，计划于 2020 年之前推出 26 款新能源汽车，其中 12 款混动车型、6 款插电式混合动力车型、2 款纯电动车型、2 款氢燃料电池车型，涉及旗下现代和起亚两大品牌。现代集团的 ix35 氢燃料电池车已经问世，目前处于早期动力总成测试阶段，据悉新一代氢燃料电池车最早将于 2018 年发布，并于 2020 年正式量产。主要汽车集团新能源汽车行动计划见表 1-2。

表 1-2　主要汽车集团新能源汽车行动计划

汽车集团	计划进度
通用	制定明确的电动汽车发展路线图，提出全电动汽车交通概念；2010 年后推出了雪佛兰 Volt 增程型电动汽车、雪佛兰 Bolt 纯电动汽车、别克新君越全混动版、雪佛兰迈锐宝 XL 全混动版、凯迪拉克 CT6 插电混动版等车型，其中 Bolt 纯电动汽车作为一款长距离电动汽车，最大续航里程可达到 320 千米
丰田	1997 年推出全球首量混合动力汽车普锐斯； 2012 年开始批量生产纯电动汽车，在中国上市一款纯电动轿车； 2012 年起在全球范围内销售插电式混合动力普锐斯轿车； 2014 年起，普锐斯全面升级为插电式混合动力汽车； 2014 年 12 月 15 日，丰田量产版的氢燃料电池车 Mirai 在日本正式上市
本田	加大对混合动力技术的研发投入，在日本国内有 47% 的本田汽车是混合动力汽车。2015 年推出一款续航约 500 千米的燃料电池轿车，销售目标为 5 年内售出 5000 辆
日产	2010，日产推出了纯电动汽车 LEAF； 2011 年，LEAF 在日本和北美上市； 2012 年，LEAF 进入中国
三菱	2009 年 1 月投入 50 辆 IMIEV 电动汽车在横滨等六个城市测试
特斯拉	2008 年 2 月第一辆 Tesla Roadster 交付，续航里程超过了 350 千米，目前已拥有 Tesla Roadster、Tesla Model S、双电机全轮驱动 Model S、Tesla Model X 等若干款车型； Tesla Model S 纯电动轿车于 2012 年 6 月上市
戴姆勒	2010 年，奔驰汽车推出了 smart Fortwo，成为第一家在德国供应电动车的汽车制造商。推出 S500 插电式混合动力车型； 计划在 2017 年推出一款全新的氢燃料电池车； 2019 年推出奔驰第一辆纯电动汽车，续航里程达 500 千米
大众	2013 年推出配装插电式混合动力系统的车型；目前的新能源汽车产品主要是以插电式混合动力和纯电动为主，先后有 electric up、高尔夫 GTE、奥迪 A3 e-tron 等多款车型问世

（续表）

汽车集团	计划进度
宝马	2015 年宝马新能源汽车 i 系列实现了 65.9% 的销售增长； 2016 年底，BMWi3 增加新车型，且其电池容量提升 50%； 2018 年将推出一款基于 i8 的新车型 BMW i8 Roadster； 在插电混合动力方面，将 i Performance 系列作为产品主导，加大燃料电池技术研发投入力度，目前氢燃料电池技术被应用在小部分的 BMW 5 GT 上
韩国现代	计划于 2020 年之前推出 26 款新能源汽车； ix35 氢燃料电池车已经问世，目前处于早期动力总成测试阶段，据悉新一代氢燃料电池车最早将于 2018 年发布，并于 2020 年正式量产
福特	2011 年在北美上市一款纯电动轻型运输车，并推出一款小型电动轿车； 2012 年推出了下一代混合动力汽车、一款插电式混合动力汽车
克莱斯勒	2010 年引入第一个纯电动车型，2013 年扩大电车汽车车型

1.3 我国发展新能源汽车的相关举措

随着能源危机的到来，我国也于 21 世纪初启动了新能源汽车产业的发展，2001 年，新能源汽车研究项目被列入国家“863 计划”课题，并规划了以汽油车为起点，向氢动力车目标挺进的发展战略。2006 年底，“十一五”期间“863 计划”节能与新能源汽车重大项目总体专家组成立，支持节能与新能源汽车整车技术研究开发、车用动力蓄电池、驱动电动机、燃料电池发动机等关键零部件技术研发，以及技术标准和试验测试技术研究应用。北京奥运会期间，实施了新能源汽车示范工程。为促进新能源汽车应用，加快汽车产业的结构调整，2009 年初，财政部、科技部下发《关于开展节能与新能源汽车示范推广工作试点工作的通知》，在北京、上海、重庆、长春、大连、杭州、济南、武汉、深圳、合肥、长沙、昆明、南昌 13 个城市开展节能与新能源汽车示范推广试点工作，鼓励试点城市率先在公交、出租、公务、环卫和邮政等公共服务领域推广使用节能与新能源汽车。后来增加了天津、海口、郑州、厦门、苏州、唐山、广州、沈阳、呼和浩特、成都、南通、襄阳等城市参与节能与新能源汽车示范推广试点。

2009 年 1 月 14 日，国务院常务会议原则通过汽车产业调整振兴规划，决定实施新能源汽车发展战略，重点强调将以新能源汽车为突破口，加强自主创新，推动中国新能源汽车尽快实现产业化。同时，启动实施“十城千辆节能与新能源汽车示范推广应用工程”，通过提供财政补贴，计划用 3 年左右的时间，每年发展 10 个城市，每个城市推出 1000 辆新能源汽车开展示范运行，涉及这些大中城市的公交、出租、公务、市政、邮政等领域，力争使全国新能源汽车的运营规模到2012年占到汽车市场份额的10%。

2010年，《国务院关于加快培育和发展战略性新兴产业的决定》将新能源汽车确定为中国七大战略性新兴产业之一。提出要着力突破动力电池、驱动电机和电子控制领域关键核心技术，推进插电式混合动力汽车、纯电动汽车推广应用和产业化。同时，开展燃料电池汽车相关前沿技术研发，大力推进高能效、低排放节能汽车发展。

2012年，《节能与新能源汽车产业发展规划（2012—2020）》发布，提出要以纯电驱动为新能源汽车发展和汽车工业转型的主要战略取向，当前重点推进纯电动汽车和插电式混合动力汽车产业化，推广普及非插电式混合动力汽车、节能内燃机汽车，提升我国汽车产业整体技术水平。2013年，北京、天津等28个城市或区域成为第一批新能源汽车试点地区，截至2015年底，全国已有40个新能源汽车推广应用城市。

2014年，国务院办公厅下发了《关于加快新能源汽车推广应用的指导意见》，指出要加快充电设施建设，制定充电设施发展规划和技术标准，完善充电设施用地政策，推进充电设施关键技术攻关。积极引导企业创新商业模式，推动公共服务领域率先推广应用，扩大公共服务领域新能源汽车应用规模，推进党政机关和公共机构、企事业单位使用新能源汽车。同时，进一步完善新能源汽车推广补贴政策、城市公交车成品油价格补贴政策、新能源汽车税收优惠等政策体系，扶持新能源汽车发展。

2016年以来，新能源专用车的发展面临较大的政策不确定性，包括补贴核查结果、车型推广目录、动力电池目录（电芯、pack）以及补贴调整细则等相关政策均存在一定变数。新能源专用车能否继续放量，核心在于其能否尽快进入《新能源汽车推广应用推荐车型目录》。我国新能源汽车产业的相关扶持政策见表1-3。

表1-3　我国新能源汽车产业的扶持政策

发布时间	政策	主要内容
2010年5月31日	关于开展私人购买新能源汽车补贴试点的通知	规定插电式混合动力汽车和纯电动汽车每辆最高可享受补贴为5万元和6万元
2011年9月7日	关于调整节能汽车推广补贴政策的通知	从2011年10月1日起实施新的节能汽车推广补贴政策，对消费者购买节能汽车给予一次性3000元定额补助

（续表）

发布时间	政策	主要内容
2012 年 8 月 6 日	关于扩大混合动力城市公交客车示范推广范围有关工作的通知	将混合动力公交客车推广范围从目前的 25 个示范推广城市扩大到全国所有城市
2014 年 1 月 28 日	关于进一步做好新能源汽车推广应用工作的通知	规定各类新能源汽车 2014 年的补助标准在 2013 年基础上下降 5%，2015 年在 2013 年基础上下降 10%
2014 年 7 月 13 日	政府机关及公共机构购买新能源汽车实施方案	确定了政府采购方案的总体目标、实施范围、主要措施和工作要求
2014 年 7 月 14 日	国务院办公厅关于加快新能源汽车推广应用的指导意见	提出加快建设充电设施，积极引导企业创新商业模式，推动公共服务领域率先推广应用
2014 年 7 月 22 日	国家发改委关于电动汽车用电价格政策有关问题的通知	对电动汽车充换电设施用电实行扶持性电价政策，对电动汽车充换电服务费实行政府指导价管理
2014 年 8 月 7 日	关于免征新能源汽车车辆购置税的公告	自 2014 年 9 月 1 日至 2017 年 12 月 31 日，对购置的新能源汽车免征车辆购置税
2015 年 5 月 18 日	关于节约能源、使用新能源车船车船税优惠政策	对节约能源车船减半征收车船税，对新能源车船免征车船税
2015 年 10 月 9 日	电动汽车充电基础设施发展指南	优先建设公交、出租、环卫及物流等公共服务领域充电基础设施，新增超过 3850 座公交车充换电站，2500 座出租车充换电站，2450 座环卫物流等专用车充电站
2016 年 2 月 24 日	国务院五大举措加速新能源汽车发展	扩大城市公交、出租车、环卫、物流等领域新能源汽车应用比例，政府采购中新能源汽车车辆占比要提高到 50% 以上
2016 年 8 月 2 日	新能源汽车碳配额管理办法	新能源汽车碳配额的要求与核算、配额交易、配额报告、核查、确认与清缴、信息公开与监督管理、法律责任等并拟于 2017 年开始试行，2018 年正式实施
2016 年 8 月 12 日	新能源汽车生产企业及产品准入管理规定	在本规定施行前已经取得《道路机动车辆生产企业及产品公告》资质的整车、改装客车、特种作业类专用生产企业，应当进行改造，并自本规定实施之日起，报送满足本规定的审查计划，并于 24 个月内完成审查

注：资料来源于国务院相关部委。

我国对于新能源汽车的扶持主要面向需求方，即消费者按销售价格扣减补贴后支付。2009 年的《关于开展节能与新能源汽车示范推广试点工作的通知》提出，要对公共服务用乘用车、轻型商用车和城市公交客车的推广予以补助，具体补助标准为：主要依据节能与新能源汽车和同类传统汽车的基础差价，并适当考虑规模效应、技术进步等因素确定。公共服务用乘用车和轻型商用车、城市公交客车示范推广具体补助标准见表 1-4 和表 1-5。特种车辆补助标准参照上述补助标准确定。

表 1-4　公共服务用乘用车和轻型商用车示范推广补助标准　　单位：万元 / 辆

节能与新能源汽车类型	节油率	最大电功率比			
		BSG 车型	10%~20%	20%~30%	30%~100%
混合动力汽车	5%~10%	0.4	—	—	—
	10%~20%		2.8	3.2	—
	20%~30%	—	3.2	3.6	4.2
	30%~40%	—	—	4.2	4.5
	40% 以上	—	—	—	5.0
纯电动汽车	100%	—	—	—	6.0
燃料电池汽车	100%	—	—	—	25.0

表 1-5　十米以上城市公交客车示范推广补助标准　　单位：万元 / 辆

节能与新能源汽车类型	节油率	使用铅酸电池的混合动力系统	使用镍氢电池、锂离子电池 / 超级电容器的混合动力系统	
			最大电功率比 20%~50%	最大电功率比 50% 以上
混合动力汽车	10%~20%	5	20	—
	20%~30%	7	25	30
	30%~40%	8	30	36
	40% 以上	—	35	42
纯电动汽车	100%	—	—	50
燃料电池汽车	100%	—	—	60

注：最大电功率比 50% 以上混合动力汽车补助标准均含 plug-in。

2010 年，国家根据汽车产业基础、居民购买力等情况和有关要求，启动实施私人购买插电式混合动力乘用车、纯电动乘用车这两类新能源汽车的补助试点工作，补助只针对上海、长春、深圳、杭州、合肥这 5 个试点城市。补助标准根据动力电池组能量确定。对满足支持条件的新能源汽车，按 3000 元 / 千瓦时给予补助。插电式混合动力乘用车最高补助 5 万元 / 辆；纯电动乘用车最高补助 6 万元 / 辆，并采取了退坡机制，试点期内（2010—2012 年），每家企业销售的插电式混合动力和纯电动乘用车分别达到 5 万辆的规模后，中央财政将适当降低补助标准。

2013 年，扩大了私人购买新能源汽车的补助范围，财政补助建立退坡机制。对纯电动乘用车、插电式混合动力（含增程式）乘用车与客车，以及燃料电池汽车按照表 1-6~表 1-8 予以补助。2014 年和 2015 年，纯电动乘用车、插电式混合动力（含增程式）乘用车、纯电动专用车、燃料电池汽车补助标准在2013年标准基础上分别下降5%和10%；纯电动公交车、插电式混合动力（含增程式）公交车补助标准维持不变。

表1-6 纯电动乘用车、插电式混合动力（含增程式）乘用车推广应用补助标准 单位：万元/辆

车辆类型	纯电动续航里程 R(工况法、千米)			
	$80 \leq R < 150$	$150 \leq R < 250$	$R \geq 250$	$R \geq 50$
纯电动乘用车	3.5	5	6	—
插电式混合动力乘用车（含增程式）	—	—	—	3

表1-7 纯电动、插电式混合动力等客车推广应用补助标准 单位：万元/辆

车辆类型	车长 L（米）		
	$6 \leq L < 8$	$8 \leq L < 10$	$L \geq 10$
纯电动客车	30	40	50
插电式混合动力客车（含增程式）	—	—	25

注：超级电容、钛酸锂快充纯电动客车定额补贴15万元。

表1-8 燃料电池汽车推广应用补助标准 单位：万元/辆

车辆类型	补助标准
燃料电池乘用车	20
燃料电池商用车	50

随着新能源汽车推广应用力度的加大，为保持政策的连续性，促进新能源汽车产业加快发展，2016—2020年我国继续实施新能源汽车推广应用补助政策。补助标准主要依据节能减排效果，并综合考虑生产成本、规模效应、技术进步等因素逐步退坡。除燃料电池汽车外，其他车型补助标准适当退坡，其中，2017—2018年补助标准在2016年基础上下降20%，2019—2020年补助标准在2016年基础上下降40%，见表1-9。具体而言，对于纯电动乘用车、插电式混合动力（含增程式）乘用车，以及纯电动、插电式混合动力等客车，按续驶里程予以补助。对于纯电动、插电式混合动力（含增程式）等专用车、货车推广应用按电池容量每千瓦时补助1800元，并将根据产品类别、性能指标等进一步细化补助标准。对于燃料电池汽车则加大了补助力度。

表 1-9 纯电动乘用车、插电式混合动力（含增程式）乘用车推广应用补助标准 单位：万元 / 辆

车辆类型	纯电动续航里程 R(工况法、千米)			
	$100 \leq R < 150$	$150 \leq R < 250$	$R \geq 250$	$R \geq 50$
纯电动乘用车	2.5	4.5	5.5	—
插电式混合动力乘用车（含增程式）	—	—	—	3

表 1-10 纯电动、插电式混合动力等客车推广应用补助标准 单位：万元 / 辆

车辆类型	单位载质量能量消耗量（E_{kg}，Wh/km · kg）	标准车（10 米＜车长≤ 12 米）					
		纯电动续航里程 R（等速法、千米）					
		$6 \leq R < 20$	$20 \leq R < 50$	$50 \leq R < 100$	$100 \leq R < 150$	$150 \leq R < 250$	$R \geq 250$
纯电动客车	$E_{kg}<0.25$	22	26	30	35	42	50
	$0.25 \leq E_{kg}<0.35$	20	24	28	32	38	46
	$0.35 \leq E_{kg}<0.5$	18	22	24	28	34	42
	$0.5 \leq E_{kg}<0.6$	16	18	20	25	30	36
	$0.6 \leq E_{kg}<0.7$	12	14	16	20	24	30
插电式混合动力客车（含增程式）		—	—	20	23	25	

表 1-11 燃料电池汽车推广应用补助标准 单位：万元 / 辆

车辆类型	补助标准
燃料电池乘用车	20
燃料电池轻型客车、货车	30
燃料电池大中型客车、中重型货车	50

经过两个五年计划的科技攻关，以及北京奥运会、上海世博会、“十城千辆”等示范工程的实施，我国新能源汽车产业在关键零部件、整车集成技术以及技术标准、测试技术、示范运行等方面都取得重大进展。初步建立了电动汽车技术体系，节能与新能源汽车技术创新平台相继布局。电动汽车国家和行业标准相继颁布，累计申请专利超过万件，已完成了“三纵三横”的研发布局，即以燃料电池汽车、混合电动汽车、纯电动汽车为“三纵”，以多能源动力总成控制、驱动电机、动力蓄电池及燃料电池等关键零部件为“三横”。新能源汽车科技创新体系初步建成，已建立起由整车企业、零部件企业、科研院所和大学共同组成的科研开发团队，生产销售实现“井喷”。根据工信部发布的信息，2015 年新能源汽车产销 34 万辆和 33 万辆，同比分别增长 3.3 倍和 3.4 倍。其中纯电动汽车产销 254633 辆和 247482 辆，同比分别增长 4.2 倍和 4.5 倍；插电式混合动力汽车产销 85838

辆和 83610 辆，同比分别增长 1.9 倍和 1.8 倍。

1.4 我国各地区发展新能源汽车的相关举措

在国家出台支持新能源汽车发展的政策法规的同时，各地纷纷制定了鼓励政策，部署了行动计划，安排了专项资金，对节能与新能源汽车购买、配套设施建设、维护保养等相关支出给予补助，积极推动新能源汽车产业的发展。

2016 年以来，随着国家对新能源汽车补助方式、补助力度的调整，各地地方政府陆续发布新版新能源汽车的补贴细则，其中多个地区新能源专用车补贴有不同程度下调，但新能源汽车推广的核心地区，如北京、上海、深圳等地新能源专用车补贴力度仍然坚挺，基本维持与国家同等补贴水平。其中，北京市对新能源汽车补贴标准按照国家和本市 1∶1 的比例进行补助，总额不超过车辆销售价格的 60%。

广东、江苏、河北等省纷纷出台相应的政策，特别对新能源汽车在本省的生产、应用和推广制定了相应的目标。其中，广东以纯电动出租车、轻型纯电动环卫车、纯电动物流车为突破口，加大公共服务领域新能源汽车的推广应用力度，对地市级政府推广应用的纯电动汽车、插电式混合动力汽车、燃料电池汽车等各类新能源汽车实行差别化和分类扶持的补贴政策，按照减排量由高到低逐级递减确定补贴标准，分类安排补贴。

此外，安徽合肥、吉林长春和浙江杭州等地也对新能源汽车出台了相应的补贴政策，具体政策内容如表 1-12。如杭州对于纯电动、插电式混合动力等专用车和货车，按电池容量每千瓦时补助 900 元，每辆车补助最高 2 万元，非经营的专用车不受限制。

表 1-12 我国主要地区新能源汽车鼓励政策及行动计划

地区	规划
北京	2016 年出台《北京市示范应用新能源小客车财政补贴资金管理细则（修订）》，规定新能源汽车补贴标准按照国家和本市 1∶1 的比例进行补助，国家和本市财政补贴的总额不超过车辆销售价格的 60%，该政策有效期至 2017 年 12 月 31 日
上海	2016 年出台《上海市鼓励购买和使用新能源汽车暂行办法（2016 年修订）》，规定纯电动、插电式混合动力等专用车，货车推广应用补贴标准，按电池容量千瓦时补贴不超过 1500 元，并根据产品类别、性能指标等进一步确定补助标准

（续表）

地区	规划
深圳	2016 年出台《深圳市关于临时延续性新能源乘用车地方财政补贴政策的通知》，规定为进一步推动新能源汽车推广应用，促进深圳市新能源汽车市场繁荣发展，经市政府同意，决定临时延续执行《深圳市新能源汽车推广应用若干政策措施》中新能源乘用车的购置补贴和使用环节补贴政策，直至深圳市颁布实施新的财政支持政策为止。 到 2012 年推广使用新能源汽车 2.4 万辆以上，建设公交大巴充电站 50 个，公务车充电桩 2500 个，社会公共充电站 200 个，充电桩 1 万个，到 2015 年推广使用的新能源汽车计划累计达到 10 万辆
广东	2016 年出台《广东省人民政府办公厅关于加快新能源汽车推广应用的实施意见》，以纯电动出租车、轻型纯电动环卫车、纯电动物流车为突破口，加大公共服务领域新能源汽车推广应用力度，对地市级政府推广应用的纯电动汽车、插电式混合动力汽车、燃料电池汽车等各类新能源汽车实行差别化和分类扶持的补贴政策，按照减排量由高到低逐级递减确定补贴标准，分类安排补贴。 为实现 2020 年新能源汽车比例达到 15% 的目标，从目前至 2020 年，估算需投入资金约 1000 亿元，其中广州市投入约 25 亿至 40 亿元，撬动社会和企业投资总计约千亿元。到 2020 年，将广州建成世界级新能源汽车研发中心和制造基地，其中节能和新能源汽车产业产值将达 2400 亿元
江苏	2016 年出台《江苏省新能源汽车推广应用方案》，2016 年在全省推广应用新能源汽车合计 13500 辆以上，其中，专用车 2565 辆，在国家补助基础上，认真落实省政府有关新能源汽车推广应用的财政补贴政策，各地按照不低于省标准安排补助资金，对车辆购置和充电设施建设给予支持
河北	2015 年出台《河北省新能源汽车产业“十三五”发展规划（2016—2020）》，到 2020 年，全省新能源专用车生产规模超过 10 万辆，形成 2~3 家年产 3 万辆以上新能源专用车的生产企业，将机关公务车、机要通信车、执法执勤巡逻车、环卫车、邮政车、校车、城乡公交车、城市物流配送车、出租车 9 类新能源汽车纳入公共服务领域范围，在推广期内省级财政按国家补贴标准 1:1 比例对购车用户进行补贴
安徽合肥	出台《合肥市人民政府关于支持新能源汽车发展的若干意见》，规定城市公交、出租车等城市客车以及邮政、物流、环卫、机场通勤等公共服务领域，新增或更新车辆中，新能源汽车所占比例不得低于 50%，其他类新能源汽车原则上按中央财政补贴标准 1 : 0.2 的比例给予地方配套补助
吉林长春	2015 年出台《长春市人民政府办公厅关于印发 2015—2016 年新能源汽车推广应用实施计划的通知》，规定 2016 年计划推广新能源物流车 200 辆，2.5 吨纯电动垃圾车 500 辆，依照中央财政补助资金标准 1 : 1 给予地方财政补贴资金，地方财政补贴资金中，省市政府部门各自承担 50%。 依托一汽集团等企业，2012 年形成 5 万辆新能源汽车产能
浙江杭州	出台《杭州市 2016 年新能源汽车推广应用地方配套补助办法》，纯电动、插电式混合动力等专用车和货车，按电池容量每千瓦时补助 900 元，每辆车补助最高 2 万元，非经营的专用车不受限制

注：资料来源于各地方政府网站。

1.5　国内主要汽车企业的新能源汽车发展情况

国内主要的汽车企业纷纷对新能源汽车进行技术和产业布局。纯电动汽车方面，比亚迪、荣威、江淮、一汽海马、奇瑞、长安、北汽等车企已经对市场投放纯电动车型，最高时速从 80kph 到 140kph 不等；插电式混合动力汽车方面，目前技术已经基本成熟，其中插电式混合动力客车的节能率，处于全球领先水平，已成为新能源客车推广主力军。一汽集团、上汽集团、比亚迪、华晨汽车、广汽集团、吉利汽车等汽车公司已经对插电式混合动力车和原型车进行研发和技术储备。中集凌宇、安凯客车、中通客车、宇通客车、重庆恒通等企业的插电式混合动力客车已经投放市场，成为许多城市公共交通工具的优先选择，应用前景乐观。燃料电池汽车方面，上汽荣威国产燃料电池汽车已取得了关键技术的突破，长安志翔燃料电池轿车和奇瑞东方之子 SQR7000 燃料电池汽车服务世博，清能华通与苏州金龙合作开发的氢燃料电池客车"Greenlite"被用作首届青年奥运会官方新能源示范车。

表 1–13 部分国产新能源汽车相关信息表

车型名称	生产企业	电池		最高车速（kph）	续航里程（km）	乘员数（人）	整备质量（kg）
		类型	能量（kWh）				
众泰 2008EV	众泰	磷酸铁锂	20	100	150	5	1200
S18	奇瑞	磷酸铁锂	20	120	120–150	4	1100
S11	奇瑞	铅酸	13	80	80	4	1050
福仕达 e	一汽海马	磷酸铁锂	24	90	100	5	1549
赛豹 III	哈飞	磷酸铁锂	33	120	200	5	1475
瑞骐	郑州日产	聚合物锂离子	38	100	160	5	2160
奥丁	郑州日产	聚合物锂离子	38	100	160	5	2160

地区分布上看，工信部发布的三批《新能源汽车推广应用推荐车型目录》中，中国新能源汽车（电动汽车）企业有 76 家。其中，江苏省 10 家，广东省 7 家，上海市 5 家，山东省 5 家，浙江省 5 家，辽宁省 5 家，湖北省 5 家，重庆市 4 家，安徽省 4 家，北京市 3 家，河北省 3 家，江西省 3 家，福建省 3 家，河南省 3 家，四川省 2 家，湖南省 2 家，黑龙江省、贵州省、吉林省、云南省、天津市、广西壮族自治区、山西省各 1 家，具体生产厂商和所在地区如表 1–14 所示。

表 1–14 中国各省市的新能源汽车主要生产厂商

省份	地区市	厂商名称	数量
江苏省	扬州	江苏九龙汽车制造有限公司 扬州亚星客车股份有限公司	2
	镇江	江苏卡威汽车工业集团有限公司	1
	南京	南京金龙客车制造有限公司 南京汽车集团有限公司	2
	苏州	金龙联合汽车工业（苏州）有限公司	1
	盐城	江苏登达汽车有限公司	1
	南通	江苏陆地方舟新能源电动汽车有限公司	1
	无锡	江苏常隆客车有限公司	1
	张家港	江苏友谊汽车有限公司	1

（续表）

省份	地区市	厂商名称	数量
广东省	兴宁	广东云山汽车有限公司	1
	深圳	比亚迪汽车工业有限公司 比亚迪汽车有限公司	2
	佛山	佛山市飞驰汽车制造有限公司	1
	广州	广汽丰田汽车有限公司 广州汽车集团乘用车有限公司	2
	珠海	珠海广通汽车有限公司	1
上海市		上海汽车集团股份有限公司	5
		上海汽车商用车有限公司	
		上海申龙客车有限公司	
		上海申沃客车有限公司	
		上海万象汽车制造有限公司	
山东省	烟台	烟台舒驰客车有限责任公司	1
	威海	荣威华泰汽车有限公司	1
	聊城	中通客车控股股份有限公司	1
	临汾	山东沂星电动汽车有限公司	1
	济南	中国重汽集团济南豪沃客车有限公司	1
浙江省	宁波	浙江吉利汽车有限公司 浙江南车电车有限公司	2
	杭州	杭州长江汽车有限公司	1
	临海	浙江豪情汽车制造有限公司	1
	金华	金华青年汽车制造有限公司	1
辽宁省	沈阳	华晨宝马汽车有限公司 华晨汽车集团控股有限公司 沈阳华晨金杯汽车有限公司	3
	大连	一汽客车（大连）有限公司	1
	丹东	丹东黄海汽车有限责任公司	1
湖北省	十堰	东风特种汽车有限公司	1
	随州	湖北新楚风汽车股份有限公司	1
	武汉	东风汽车公司 东风汽车有限公司 东风扬子江汽车（武汉）有限责任公司	3
重庆市		重庆恒通客车有限公司	4
		重庆力帆乘用车有限公司	
		重庆力帆汽车有限公司	
		重庆长安汽车股份有限公司	
安徽省	合肥	安徽安凯汽车股份有限公司 安徽江淮汽车股份有限公司 安徽星凯龙客车有限公司	3
	芜湖	奇瑞汽车股份有限公司	1
北京市		北京汽车股份有限公司	3
		北京现代汽车有限公司	
		北汽福田汽车股份有限公司	

（续表）

省份	地区市	厂商名称	数量
河北省	定州	河北长安汽车有限公司	1
	邢台	河北红星汽车制造有限公司 河北御捷车业有限公司	2
江西省	南昌	江铃控股有限公司 江西江铃集团晶马汽车有限公司 江西凯马百路佳客车有限公司	3
福建省	福州	东南（福建）汽车工业有限公司	1
	厦门	厦门金龙联合汽车工业有限公司 厦门金龙旅行车有限公司	2
河南省	郑州	海马轿车有限公司 河南少林客车股份有限公司 郑州宇通客车股份有限公司	3
四川省	成都	成都客车股份有限公司 四川野马汽车股份有限公司	2
湖南省	湘潭	湖南江南汽车制造有限公司	1
	株洲	湖南南车时代电动汽车股份有限公司	1
黑龙江省	齐齐哈尔	黑龙江龙华汽车有限公司	1
吉林省	长春	中国第一汽车集团公司	1
贵州省	贵阳	奇瑞万达贵州客车股份有限公司	1
云南省	昆明	云南五龙汽车有限公司	1
天津市		天津比亚迪汽车有限公司	1
广西壮族自治区	桂林	桂林客车工业集团有限公司	1
山西省	太原	山西皇城相府宇航汽车制造有限公司	1

注：资料来源于凹凸榜自媒体。

第2章　新能源汽车动力系统专利技术分析

与内燃机汽车相比，新能源汽车的主要区别在于动力总成技术方面，其他装置基本与内燃机汽车相同。从本质上来讲，“新能源”是指各种能源的存储、转换方式不一样，只有选择正确的汽车动力系统总成方式，才能有效实现节能、减排、环保等。电池动力系统是新能源汽车的核心，是最关键、最核心的环节，占据整个新能源汽车产业价值链的最高端，是本书研究的重点。

在充满机遇与挑战的环境中，新能源汽车的动力总成技术发展是一个必须思考的问题。动力系统总成的设计不仅要应对空气污染问题，大幅削减温室气体的需求，而且要满足经济发展的需要并应对能源危机。世界各大厂商对最优动力总成系统的理解不尽相同，目前主要集中在对纯电动汽车动力电池、燃料电池汽车动力电池和超级电容等动力系统的研究上。

2.1 纯电动汽车动力电池的专利技术分析

2.1.1 纯电动汽车动力电池的介绍

目前新能源汽车所使用的动力电池主要包括铅酸电池、镍氢电池、锂电池等（见表2-1）。除了轻度混合动力使用铅酸电池、中度混合动力车使用镍氢电池外，绝大多数的新能源汽车都是使用锂电池作为其核心部件。锂电池之所以能够在新能源汽车领域获得大规模普及，主要是由于它相比其他类型的电池，具有比能量高、循环寿命长、自放率低、使用温度范围宽、无记忆效应等优势。而镍氢电池由于比能量较低以及成本较高，性价比相对较低，将逐步被锂电池所取代。

表 2-1 几种二次电池的综合性能对比

项目	铅酸电池	镍镉电池	镍氢电池	钴酸锂电池	锰酸锂电池	磷酸铁锂电池
体积密度（Wh/L）	64	75	170	320	200	180
质量密度（Wh/kg）	27	50	70	150	110	90
循环寿命（次）	300	500	500	600	250	2000
单位价格（RMB/Wh）	1.0~1.5	3	6	1.5~2.0	1.5~2.5	3~5
自放电率（%/月）	5	20	30	5	10	5
安全性能	很好	很好	较好	较差	较好	很好
高温性能	较好	很好	好	较差	很差	很好
倍率放电	好	很好	较好	较好	较好	较好
环保性能	污染严重	污染严重	绿色环保	无污染	无污染	绿色环保型

锂电池是基于金属锂或储锂化合物的一类新型电化学储能体系，代表了化学电源技术发展的最先进水平。其中锂二次电池汇集了诸多新构思、新材料与新技术的应用，主要包括：嵌入反应化学与高容量嵌锂材料、结构转换反应与纳米复合材料、固态离子学与离子导电材料、聚合物电化学掺杂反应与氧化还原活性有机材料、电池反应控制技术与温度 / 电压敏感材料、界面反应动力学与表面结构调控方法等多学科的理论与方法。利用上述材料技术，构建安全高效的电池反应环境，实现高能量密度电能储存、高功率电能转换以及长寿命循环，是锂二次电池技术研究的主要内容。

2.1.2　纯电动汽车动力电池专利的数据来源

专利分析对于了解所分析的技术领域分布现状、技术趋势发展方向具有至关重要的作用。纯电动汽车动力电池专利数据分别运用了中国专利数据库、Innography 检索系统等专利检索系统，经过人工筛选处理后，获得全球纯电动汽车动力电池专利 82135 件、中国纯电动汽车动力电池专利 18444 件。检索时间截止到 2016 年 10 月。

其中，无论是纯电动汽车动力电池还是之后要分析的车用燃料电池和超级电容，近两三年的专利文献数据均不完整。主要原因是，依据各国专利法规定，专利公开及入库时间滞后于实际申请时间，即发明专利申请通常自申请日起 18 个月（要求提前公布的申请除外）才能被公布；专利合作协定（Patent Cooperation Treaty，PCT）专利申请通常晚于优先权日 30 个月（或 20 个月）进入国家阶段，从而与之对应的国家公布时间相对更晚些。

全球纯电动汽车动力电池专利检索表式如下：

((IPC_B60K1/00 or IPC_B60K1/01 or IPC_B60K1/02 or IPC_B60K1/03 or IPC_B60K1/04 or IPC_B60K6/00 or IPC_B60K6/08 or IPC_B60K6/20 or IPC_B60L% or IPC_B60M% or IPC_B60K26/00 or IPC_B60K26/01 or IPC_B60K26/02 or IPC_B60K26/03 or IPC_B60K26/04 or IPC_B60L15% or IPC_B60W20%) and @(abstract，claims，title) (cell% or battery% or accumulator% or "electrical storage device%")) or (IPC_B60% and @title (("New Energy%" or Hybrid% or Electric% or "Pure electric%" or Tram% or streetcar% or tramcar% or trolleybus%) and (cell% or battery% or accumulator% or "electrical storage device%")))[1]

中国纯电动汽车动力电池专利检索表达式如下：

(分类号 =(B60K1/00 or B60K1/01 or B60K1/02 or B60K1/03 or B60K1/04 or B60K6/00 or B60K6/08 or B60K6/20 or B60L% or B60M% or B60K26/00 or B60K26/01 or B60K26/02 or B60K26/03 or B60K26/04 or B60L15% or B60W20%) and 名称，摘要，主权项 +=(电池 % or 电池组 % or 蓄电池 % or 蓄电装置 % or 能量 % or 充电 % or 发电 %) or 主分类号 =B60% and 名称 =((新能源 % or 混合动力 % or 电动 % or 纯电动 % or 电 %) and (车 % or 汽车 %)

[1] 在 Innography 系统中检索。

and (电池 % or 电池组 % or 蓄电池 % or 蓄电装置 % or 能量 % or 充电 % or 发电 %))) not 燃料电池[1]

2.1.3 全球纯电动汽车动力电池专利技术分析

1. 专利趋势分析

无论是全球纯电动汽车动力电池专利的申请量还是授权量，1905 年就开始有申请记录。对 100 多年的纯电动汽车动力电池专利数据进行分类，可划分为两个阶段：一是缓慢上升阶段，从 1905 年到 1997 年，1997 年全球专利申请数量达到 1000 余件；二是快速上升阶段，从 1997 年到 2016 年。

对快速上升阶段进行具体分析，发现专利数量较多的国家分布在日本、中国、美国和韩国 4 个国家，引领全球纯电动汽车动力电池的技术创新，尤其是日本，专利数达到 39279 件，远高于排名第二的中国（11292 件）。数据显示，德国、加拿大和法国等国家的专利公开数也较多，但相对于前述 4 个国家仍有一定差距。具体分析专利数量较多的 4 个国家，可知日本是全球动力电池领域专利数量最多的国家，从 1997 年开始，其专利申请量就大大领先其他国家，而在这个时间段，中国和韩国的专利数则极少。1997—2011 年，日本的动力电池领域专利数量呈现震荡上行的趋势，2011 年之后专利数量则急剧下降，说明日本动力电池技术可能已经相对成熟，研究热度大幅度下降。中国动力电池领域的专利申请开始于 1997 年之后，此后专利数量逐年增长，且在 2009 年之后急剧攀升（见图 2-1），并在 2011 年之后超过了日本，成为全球每年在动力电池领域专利申请数量最多的国家。美国在经历了 1997—2002 年的增长后，一直处于较为稳定的水平。韩国在该领域则一直呈现震荡上行的态势，并在近年来达到高点。从总体上来说，美国、日本、韩国 3 个国家动力电池专利数量近年来呈下降态势，而中国的专利数量还呈现上涨态势，对该领域的研究开发力度还依旧很大，整个行业目前仍处于技术成长期（见图 2-2）。

---

[1] 在中国专利数据库中检索。

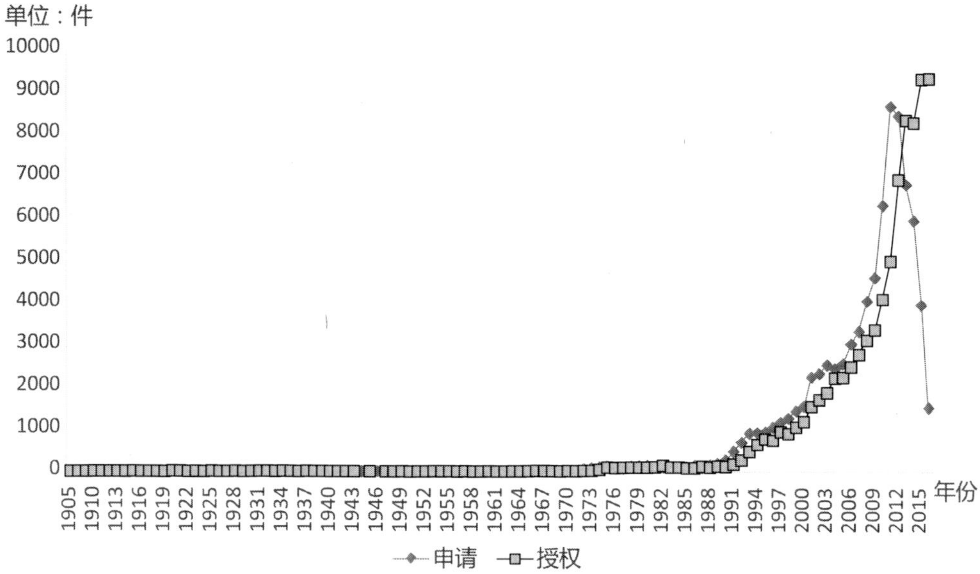

图 2–1　中国纯电动汽车动力电池领域专利申请趋势图

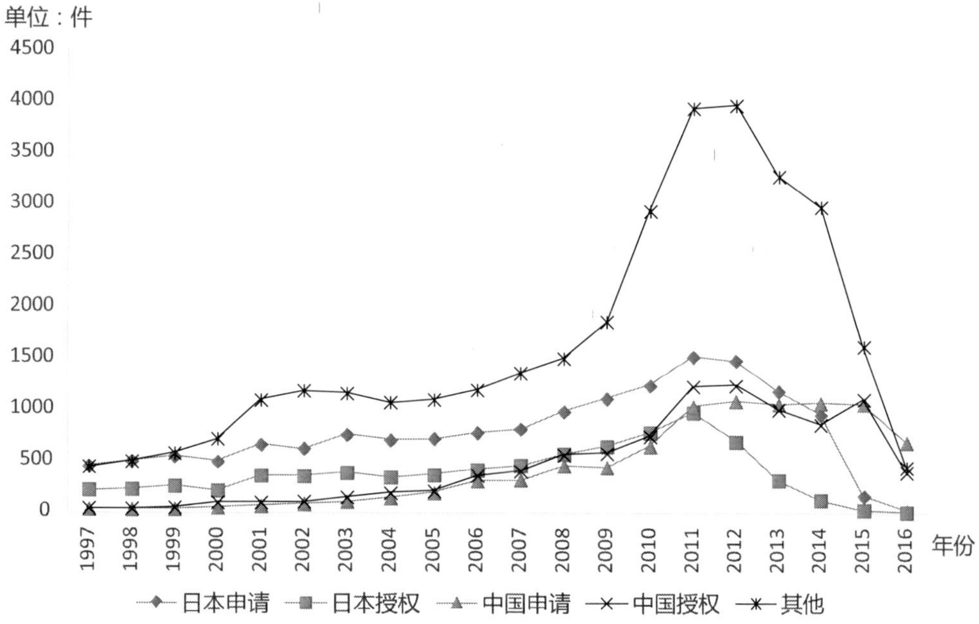

图 2–2　全球纯电动汽车动力电池领域专利申请国别分析图

2. 专利申请国国别分析

一般情况下拥有的专利数量越多，代表该国在该领域的技术研发实力越强。从图 2–3 可以看出，日本的发明人所拥有的专利数量达到 39279 件，几乎是专利数量排名第二的中国的 4 倍，彰显了日本在新能源汽车动力电池领域的强大技术实力。中国专利发明人拥有的专利数量也有 11292 件，虽然相比日本还有差距，但是相对于美国等其他国家来说还是呈现出了巨大的优势。美国、韩国和德国则紧跟其后，拥有的专利数分别为 7104 件、6610 件和 6225 件，此外，法国、英国、加拿大和中国台湾等国家和地区也拥有不同数量的专利。如果以一个国家在该领域拥有的专利数量多少来评判这个国家的创新实力的话，日本无疑在动力电池领域拥有无可匹敌的地位，这种在创新实力上的巨大优势使其他国家在短期内难以超越。中国在经历了多年的发展之后，在新能源汽车的动力电池领域也逐渐积累实力，在国际上的地位不容小觑。美国、韩国和德国在电池领域发展得相对比较平稳，考虑到这些国家也是汽车生产强国，如果进行产业链整合、打造新能源汽车全产业链，那其在新能源汽车领域也将展现出强大的实力。

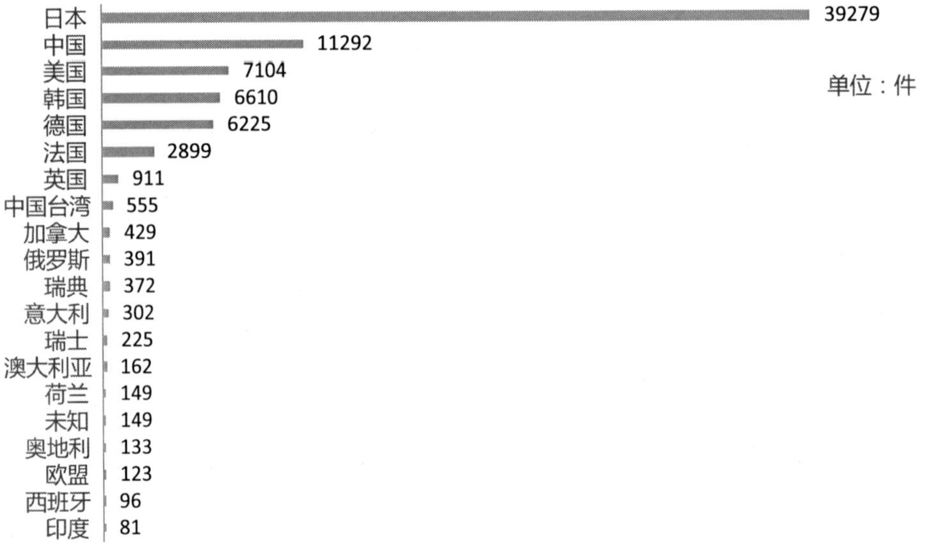

图 2-3 全球纯电动汽车动力电池领域专利发明人地区分布图

3. 技术应用国分析

一般在某国或某区域申请的专利数量越多，代表着专利申请人越看重该市场，从而希望在该国进行更多的专利布局。从图 2-4 中可以看出，在日本申请和授权的专利数量有 26677 件，从日本的市场容量来说，这么多的专利数量足以进行较为全面的布局，其他国家动力电池厂商要想再进入日本市场，存在着较大的困难。在中国申请和授权的专利有 16865 件，考虑到中国发明人所申请的专利数量为 11292 件，所以至少有 5573 件专利来自国外的专利申请人，因而可以看出随着新能源汽车的发展，中国出现了对动力电池的庞大的市场需求，国外的专利申请人也看重中国这个庞大的市场，因而纷纷进驻中国并开始进行专利布局。美国和韩国的专利申请授权数量也相对较多，基本上呈现了和国内市场容量相匹配的格局。从总体上可以看出，新能源汽车动力电池的应用区域主要集中在北美的美国市场、亚洲的中日韩市场和欧洲的德法市场。

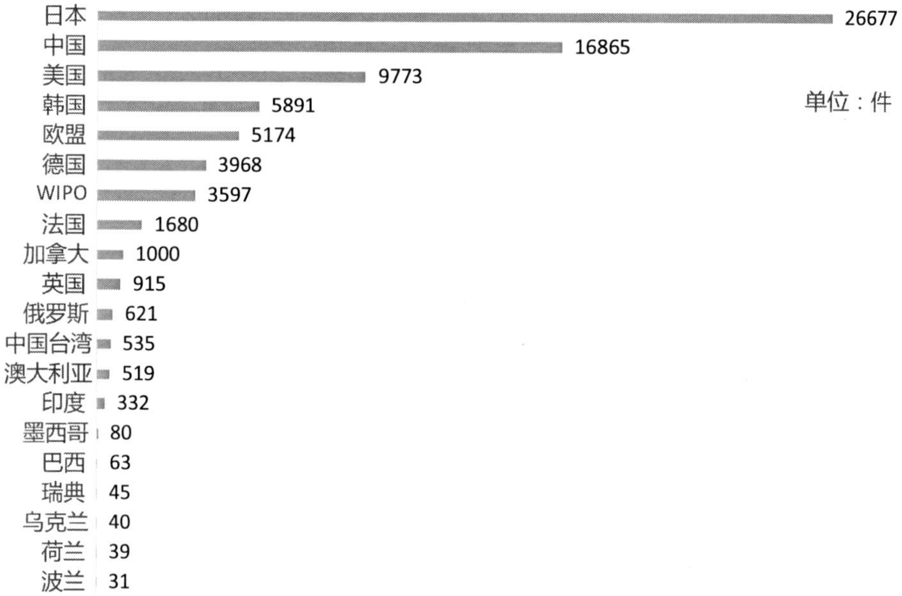

图 2-4　全球纯电动汽车动力电池领域专利的应用地区分布图

4. 专利权人竞争力分析

主要申请人综合竞争力分析用气泡图来进行研究，每个气泡分别代表着某一位申请人，其所处横坐标越往右代表着其拥有的专利质量越高，纵坐标值越大代表着该申请人的综合财务实力越好，而气泡的大小则代表着该申请人拥有的专利数量，气泡越大表示该申请人拥有的相关专利数量越多。

从图 2-5 中可以看出，丰田汽车所代表的专利气泡位于坐标系的右上角，而且其专利气泡是所有专利申请人中最大的，说明丰田汽车的专利不仅数量多、质量高，而且其综合财务实力雄厚，在新能源汽车动力电池领域拥有非常强的竞争力。日本的其他两家专利申请人，本田汽车和日产汽车的专利数也排在前列，而且位于坐标系横轴的右端，说明其专利在数量和质量上都占有较大的优势。除丰田、本田和日产三家公司，日本还有日立、松下、电装等一大批专利申请人在该领域也具有非常强大的实力。韩国的现代汽车专利数相对靠前，拥有一定的技术实力，但和日本强大的产业集群相比，显得有点力单势孤。此外，美国的福特汽车在专利申请数量和质量上也拥有一定的地位。综合来看，日本专利申请人在汽车动力电池领域拥有绝对的优势，韩国、德国和美国的专利申请人则紧随其后，但在短期内还无法动摇日本专利申请人在此领域的主导地位。

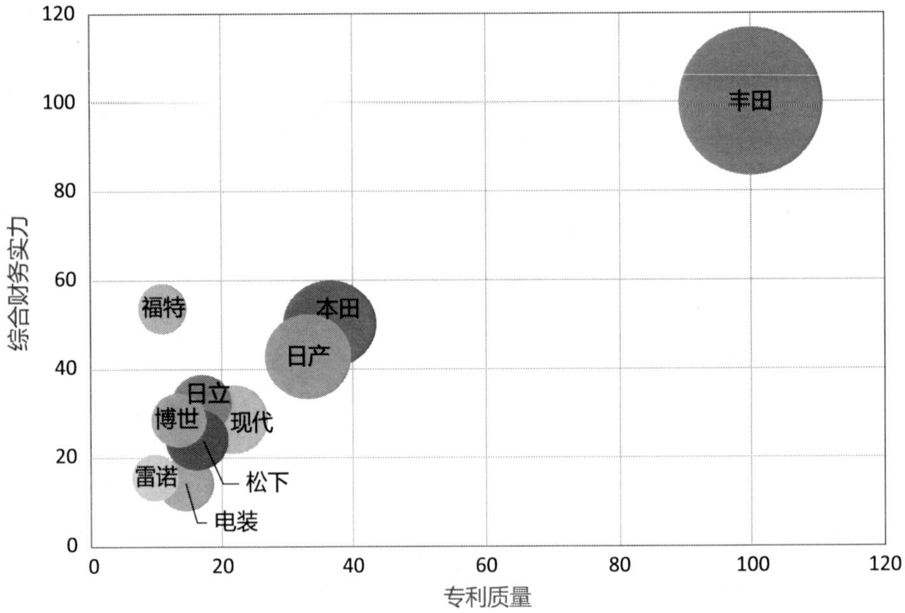

图 2-5 全球纯电动汽车动力电池领域主要申请人综合竞争力分析图

5. 高强度专利分析

运用 innography 专利系统对相关专利进行质量强度分析，专利质量越好，其等级就越高。将全球新能源汽车动力电池专利按专利强度为 7~10 级进行筛选时，共筛选出 3377 件高质量专利，这些专利分属于 25 个国家，从中可以反映出各个国家的技术创新实力。

如图 2-6 所示，在 3377 件专利中，来自日本和美国的专利分别有 1607 件和 1064 件，分别占高质量专利总量的 47.6% 和 31.5%，远远多于排名第三的德国和第四的中国，可以说日本、美国的专利发明人在此领域掌握了较多的核心技术，牢牢地把控了行业发展的方向，而其他国家要想突破日本和美国在此领域如此多的技术壁垒难度明显很高。来自中国的发明人申请的核心专利有 128 件，占高质量专利总量的 3.8%，这表明我国的新能源汽车动力电池技术已经取得了较大的发展，该领域的技术创新在国际上取得了一席之地。

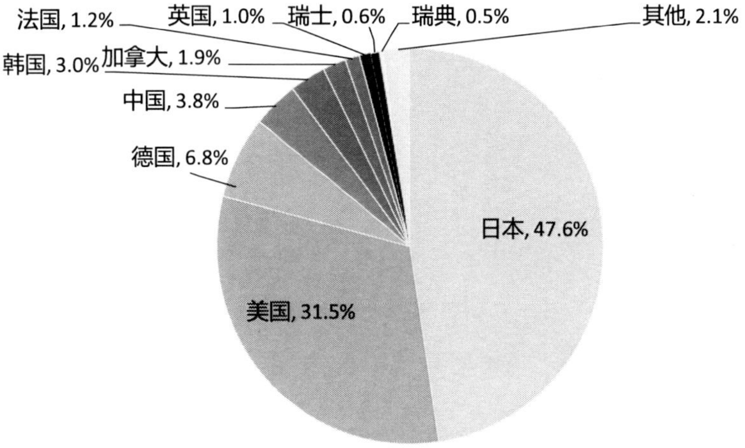

图 2-6　全球纯电动汽车动力电池领域核心专利国别占比图

2.1.4　中国纯电动汽车动力电池专利技术分析

1. 专利趋势分析

如图 2-7 所示，我国新能源汽车动力电池领域的专利申请和授权数量从 1997 年几乎为零开始逐年增长，这种平缓的增长态势一直持续了 8 年。2005 年之后，由于新能源汽车概念的兴起、动力电池技术的逐渐积累和市场需求的爆发，对动力电池的研发投入力度逐渐加大，此领域申请和授权的中国专利数也呈现爆发式的增长，且这种增长趋势一直持续到 2011 年。2012 年之后专利授权数开始下降，这种下降趋势有可能是由于专利公开的延迟性所导致的，也有可能是由于该领域的研究已逐渐成熟，专利申请量开始减少。在经历多年的技术积累之后，我国的动力电池领域已具备相当的规模，步入了成熟稳定的阶段。出于数据滞后的原因，2014 年后的数据比较失真。

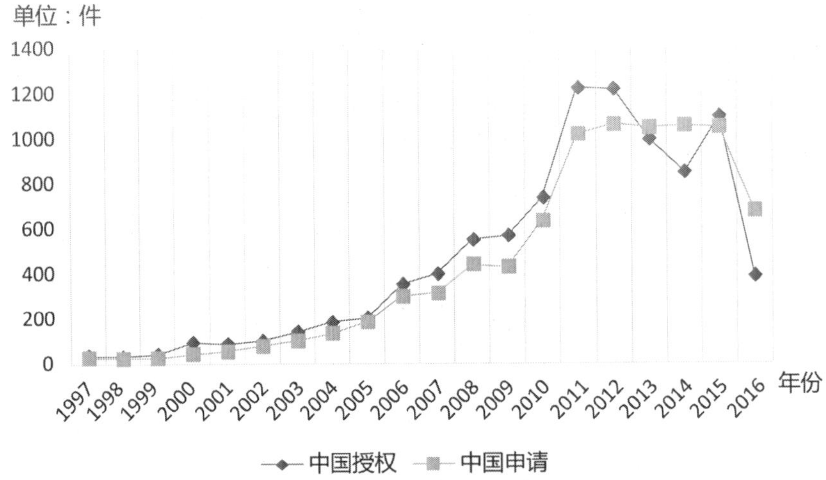

图 2-7 中国纯电动汽车动力电池领域专利趋势图

2. 专利申请国国别分析

动力电池领域国内申请人专利数量多且分散。在中国申请和授权的 16865 件专利中，来自中国的发明人共申请了 10830 件专利，占专利总数的 64.2%，我国自行申请并拥有的专利占据了半数以上。除本国发明人之外，来自日本的发明人在中国申请的专利数达到 3613 件，占所有专利总数的 21.4%，表明日本申请人已经在我国市场上进行了大量的专利布局，控制了相当比例的市场。除此之外，美国、德国和法国等国家和地区也在我国布局申请了不少的专利，如图 2-8 所示。

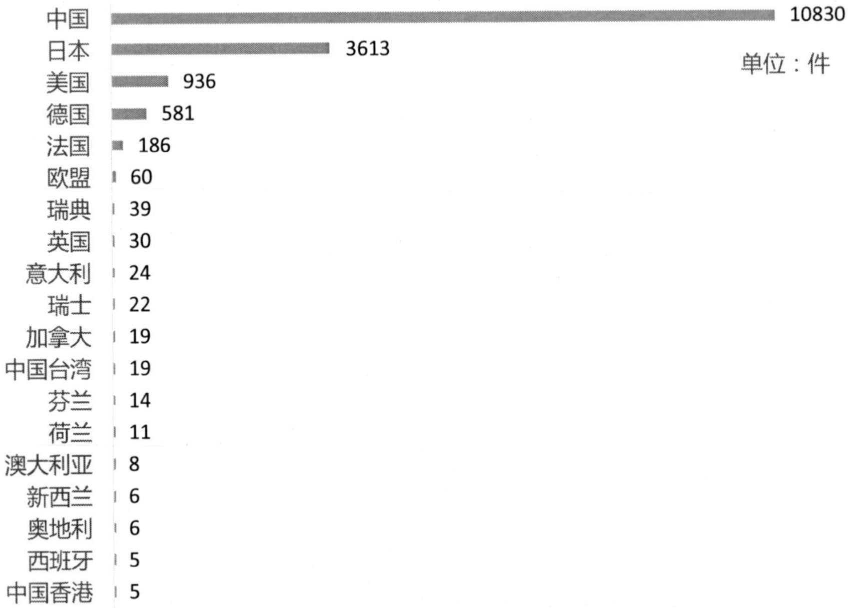

图 2-8 中国纯电动汽车动力电池领域专利发明人地区分布图

3. 专利权人竞争力分析

对 10830 件国外专利申请权人的集中度进行分析，日本丰田汽车在我国申请了大量的专利，专利集中度高且其专利质量强，综合竞争力非常突出，形成规模经济和强大的技术壁垒（见图 2–9）。此外，本田、日产、松下、日立等大企业的技术实力强，中国企业想要突破这些公司的技术壁垒困难较大。与此同时，中国专利权人拥有专利数量较多的有奇瑞、比亚迪、浙江吉利等企业，但这些专利权人拥有的专利数量还无法突破专利巨头的布局范围。

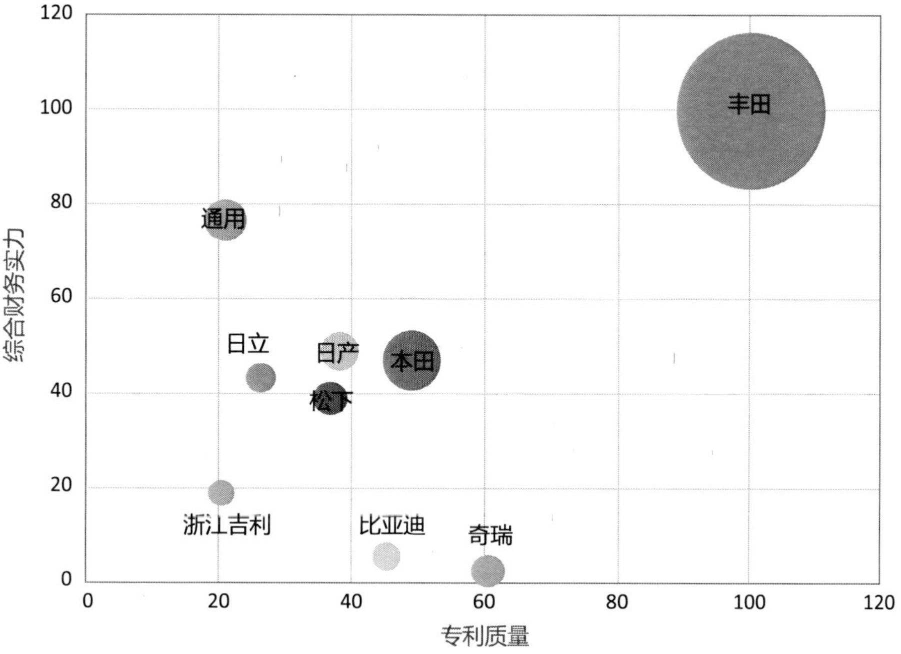

图 2–9　中国纯电动汽车动力电池领域重要申请人气泡图

4. 高强度专利分析

国内核心专利的专利数量规模不断扩大。对中国新能源汽车动力电池领域的专利按得分为 70 分以上进行筛选，共得到 437 件核心专利。

如图 2–10 所示，按发明人所在的国家分布筛选，日本 211 件，中国 109 件，美国 67 件。我国发明人在核心专利中所占的比重不足 25%，可知我国在该技术领域已经掌握了部分核心技术，这是我国新能源汽车电池领域多年发展的成果，但相对国外发明人仍有较大差距。除此之外，美国和日本在我国也拥有数量较多的核心专利，可知这两个国家的专利申请人在我国市场上占有相当重要的地位，在进行技术研究分析时要着重研究这两个国家的技术；而企业在进行相关专利布局时，则要尽量绕开这些核心专利，避免发生专利侵权纠纷等事件。

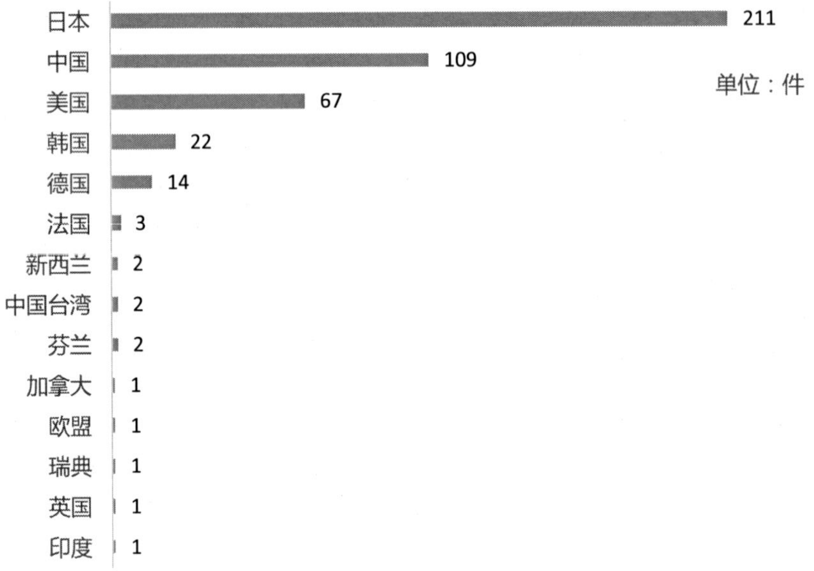

图 2-10 中国纯电动汽车动力电池领域核心专利来源地区分布图

对在我国拥有核心专利的专利权人的综合竞争力进行分析，丰田汽车、福特汽车等跨国企业不仅拥有的核心专利数量多，而且综合实力强，在国内市场上具备较强的竞争力（见图 2-11）。国内的申请人中拥有核心专利数较多的有奇瑞汽车（4 件）、比亚迪集团（2 件）、北京理工大学（2 件）。此外，深圳丰日电子、电子科技大学、珠海银通新能源等企业或科研院所也分别拥有 1 件核心专利。

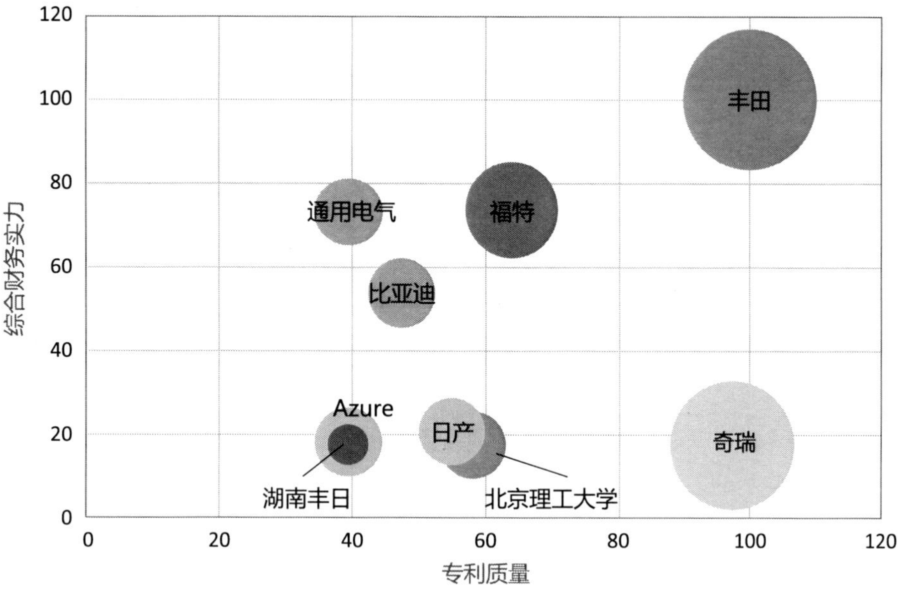

图 2-11　中国纯电动汽车动力电池领域核心专利申请人气泡图

2.1.5　小结

我国发展以纯电动为主的新能源汽车的产业政策路径日益清晰，电池系统作为新能源汽车的心脏，对推动新能源汽车的发展起到至关重要的作用。目前新能源汽车所使用的动力电池主要包括铅酸电池、镍氢电池、锂电池等。锂电池由于比能量高、循环寿命长、自放率低、使用温度范围宽、无记忆效应等优势，已成为绝大多数纯电动新能源汽车的核心部件。

对于国际市场：（1）世界整体在新能源汽车动力电池领域专利大量增长，技术实力在逐渐加强；（2）在动力电池领域，日本具有相对较强的优势，而中国在经历多年发展之后，在动力电池领域积累了一定实力；（3）日本动力电池市场已经逐渐完善，市场接近饱和；中国市场容量大，国外申请人纷纷选择在中国进行专利申请；（4）日本拥有大批实力雄厚的专利申请人，其专利数多且质量高，行业整体呈现较强的发展局面；韩国和美国在此领域的技术实力也不可小觑；（5）日本和美国在动力电池领域掌握了较多的核心技术，控制了行业的主导方向；中国在经历了多年发展之后也掌握了部分核心技术。

对于国内市场：（1）中国动力电池领域在经历了多年的技术积累之后，已具备相当的规模，并开始步入了成熟稳定的阶段；（2）中国区域内动力电池领域国内申请人专利数量虽多，但是比较分散，没有形成实力较强的专利申请人；（3）中国区域内的核心专利主要掌握在国内专利申请人手中，但美国和日本在我国也拥有数量较多的核心专利，在进行技术研究分析时要着重研究这两个国家的技术；而在进行专利布局时，则要尽量绕开这些核心专利，避免发生专利侵权纠纷等事件；（4）中国区域内动力电池专利主要集中在电池能量的存储和管理等方面。

2.2 车用燃料电池的专利技术分析

2.2.1 燃料电池的介绍

燃料电池是将燃料具有的化学能直接变为电能的发电装置，其原理是一种电化学装置，其组成与一般电池相同。燃料电池单体电池是由正、负两个电极（负极即燃料电极，正极即氧化剂电极）以及电解质组成的。一般电池的活性物质贮存在电池内部，因而限制了电池容量，而燃料电池的正、负极本身不包含活性物质，只是个催化转换元件。因此，燃料电池是名副其实的把化学能转化为电能的能量转换装置。

燃料电池按燃料状态分为液体型和气体型两种：按工作温度分为低温型（低于200℃）、中温型（200~750℃）和高温型（高于750℃）；按电解质类型不同，分为碱性燃料电池（AFC）、磷酸燃料电池（PAFC）、熔融碳酸盐燃料电池（MCFC）、固体氧化物燃料电池（SOFC）、质子交换膜燃料电池（PEMFC），这些燃料电池的性能和特点见表2–2。

表2–2　几种常见燃料电池的性能与特点

电池类型	操作温度（℃）	比功率（W/kg）	燃料	氧化剂	电解质	启动时间
碱性燃料电池 (AFC)	50~200	35~105	纯氢	纯氧气	氢氧化钾，有腐蚀，液体	几分钟
磷酸燃料电池 (PAFC)	180~210	120~180	甲醇、天然气、氢气	氧气、空气	磷酸，有腐蚀，液体碳	2~4h
熔融碳酸盐燃料电池 (MCFC)	630~700	30~40	甲醇、天然气、氢气、煤气	氧气、空气	碳酸锂 / 碳酸钾，有腐蚀，液体	>10h
固体氧化物燃料电池 (SOFC)	750~1000	15~20	甲醇、天然气、氢气、煤气	氧气、空气	掺钇氧化锆，有腐蚀，液体	>10h
质子交换膜燃料电池 (PEMFC)	25~100	340~1500	氢气	氧气、空气	磺酸盐聚合体，无腐蚀、固体	几分钟

燃料电池产业的技术，主要是在三个级别上针对不同的市场需求而齐头发展，100W~10kW 电池面向民用，是移动基站、分立电源、潜艇、电动自行车、摩托车、游艇及场地车等的较佳动力源；10~100kW 电池是电动汽车的首选动力源，是整个燃料电池产业发展的方向；100kW 以上电池是特殊条件下的电站动力源，满足军用、边远地区照明救灾等用途。按照当前的市场情况，燃料电池在移动式电源、固定式电源和军事电源三个方面有比较成熟稳定的应用，但成本覆盖也还不足以大规模产业化应用。汽车动力领域对燃料电池的潜在需求非常大，燃料电池汽车得到世界各国政府和企业的高度重视，特别是美国、日本和德国及其企业，都加大了燃料电池汽车的研发与示范，并且取得了重大进展，预计随着研发水平的提升和规模化效应，燃料电池汽车有望向着产业化的方向跨越式发展。

2.2.2 车用燃料电池专利的数据来源

燃料电池汽车动力系统的核心部件是车用燃料电池，本书利用 innography 专利分析工具来开展全球和中国车用燃料电池的专利分析。内容上，涵盖车用燃料电池专利的数量、总体趋势、重要技术、热点技术、区域情况和专利权人的情况等。专利检索方面，主要采用关键词、IPC 分类号方法，运用 innography 专利分析工具对全球的车用燃料电池专利进行数据采集，共得到世界车用燃料电池专利 17679 件，国内车用燃料电池专利 3972 件。采集时间为 2016 年 10 月。（近两三年专利文献数据不完整）

全球车用燃料电池的检索表达式如下：

((IPC_B60%) and @(abstract，claims，title) (fuel cell% or fuel cells% or fuel battery%)) or ((IPC_H01M4% or IPC_H01M12% or IPC_H01M10% or IPC_H01B01% or IPC_H02J03% or IPC_H02M07% or IPC_C01B03% or IPC_C01B31% or IPC_C04B35% or IPC_C04B37% or IPC_C04B38% or IPC_C25B09/10 or IPC_C25B11/06 or IPC_C25B11/08 or IPC_C25B13/08 or IPC_B01J23% or IPC_B01J47/12 or IPC_G05F01%) and @title (("New Energy%" or Hybrid% or Electric% or "Pure electric%" or Tram% or streetcar% or tramcar% or trolleybus%) and (fuel cell%

or fuel cells% or fuel battery%)))[1]

中国车用电池的检索表达式如下：

(主分类号 =B60% and 名称，摘要，主权项 +=(燃料电池 % or 燃料电池组 %)) or (分类号 =(H01M4% or H01M12% or H01M10% or H01B01% or H02J03% or H02M07% or C01B03% or C01B31% or C04B35% or C04B37% or C04B38% or C25B09/10 or C25B11/06 or C25B11/08 or C25B13/08 or B01J23% or B01J47/12 or G05F01%) and 名称 =((新能源 % or 混合动力 % or 电动 % or 纯电动 % or 电 %) and (燃料电池 % or 燃料电池组 %)))[2]

2.2.3 全球车用燃料电池专利技术分析

1. 专利趋势分析

如图 2-12 所示，从申请趋势上看可以分为两个阶段。第一个阶段是自 1910 年车用燃料电池专利申请出现以来，直到 1997 年，车用燃料电池专利都保持着一个低位缓慢增长的趋势。

第二个阶段是 1997 年到 2016 年。这一阶段中，车用燃料电池专利申请出现了一个迅速的增长，从 204 件增长到了 1144 件。具体来看，2000 年出现了一个突破式的增长后有了大幅的回落，此后又一路上行，从 2001 年的 321 件增长到 2012 年的 1348 件。2012 年到 2014 年期间，又有小幅回落，在 1000 件上下浮动。从授权趋势上看，全球车用燃料电池专利自 1911 年获得授权以来，一路增长，其中 1910 年到 1997 年是小幅平稳增长，1997 年以来增长迅速，说明车用燃料电池领域已经引起了各国的重视。2015 年之后专利申请出现大幅度的下滑，与专利公开的滞后性有关。

对第二阶段进行具体分析可以看出（见图 2-13），日本是车用燃料电池专利申请的主力，1997 年到 2004 年，在各国对车用燃料电池还未引起重视的时候，日本已经开始在布局该领域的专利，此时日本拥有的专利数量一度达到了全球专利总量的一半以上。此后五

[1] 在 Innography 系统中检索。
[2] 在中国专利数据库中检索。

年，日本专利数量一路平稳上升，到 2009 年出现了一个小幅的下降，后维持在每年 200 件专利上下。中国车用燃料电池专利申请量在近些年出现了一个比较大幅度的上升，还一度超越日本。因为专利数据文献不完整，2015 年之后的专利数量有失真的状况。

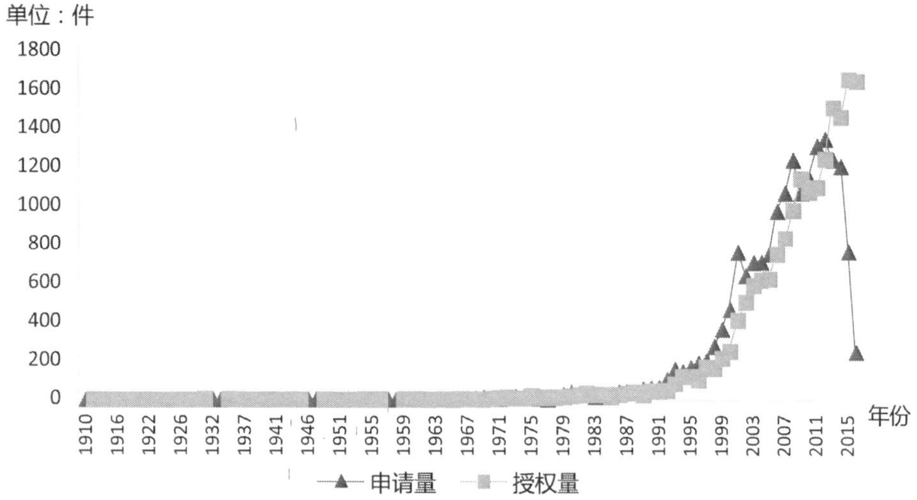

图 2-12　全球车用燃料电池专利申请趋势图

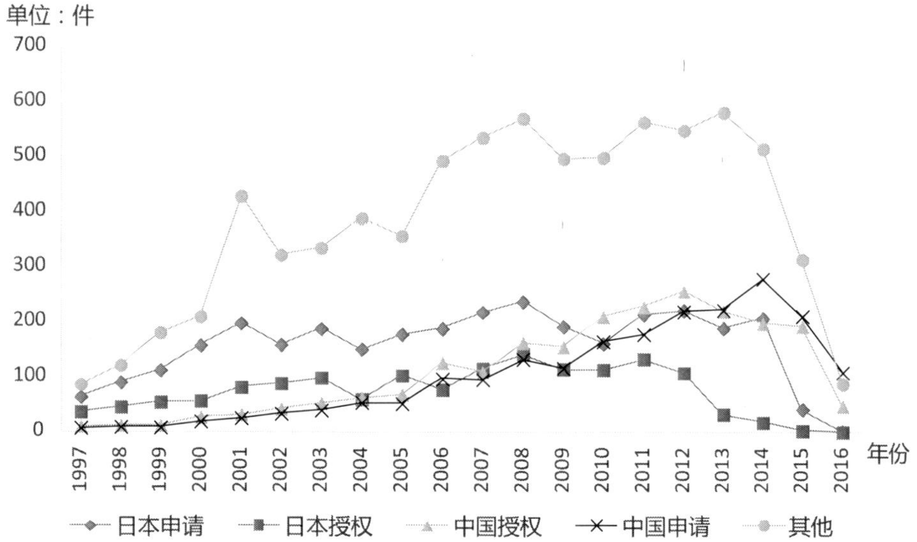

图 2-13　全球车用燃料电池领域专利申请国别分析图

2. 专利申请国国别分析

全球专利发明人车用燃料电池的专利数量越多，说明其代表的国家在车用燃料电池领域的研发实力越强，或者说越早地关注到燃料电池的车用领域。从图 2-14 中可以看出，日本发明人所拥有的专利数量达到 7407 件，占到专利公开总量的 41.9%，当之无愧是车用燃料电池专利来源的主要国家，彰显了日本在车用燃料电池领域的强大技术实力。中国发明人拥有的专利数量3036件，在专利数量中排名第二，但是其专利数量还不到日本的二分之一。美国、韩国、德国紧随其后，分别拥有专利数为2629件、1481件和1152件。排在第六位的法国仅仅拥有520件专利，与排名第五的德国也相差悬殊。从这张车用燃料电池领域专利来源国的分布图中我们大致可以看出，主要的车用燃料电池专利拥有国，主要分为三个梯队。第一梯队是日本，无论在车用燃料电池领域的前瞻预见还是在车用燃料电池的专利数量方面，都遥遥领先。第二梯队是中国、美国、韩国和德国，这些国家拥有的车用燃料电池专利都有上千件。第三梯队是法国、英国、加拿大、意大利等国。不过对比纯电动汽车动力电池的专利数量情况来看，车用燃料电池专利数量还非常有限，说明车用燃料电池在专利技术布局上发展得比较晚，相对来说更加不成熟，很多国家只是从技术布局的角度将这一类型的新能源汽车发展方向囊括在内，并没有一个清晰的发展车用燃料电池的方案和构想。所以日本无疑在车用燃料电池领域也拥有着无可匹敌的地位，仅从数量上来看，就有着其他国家在短期内无法超越的优势。

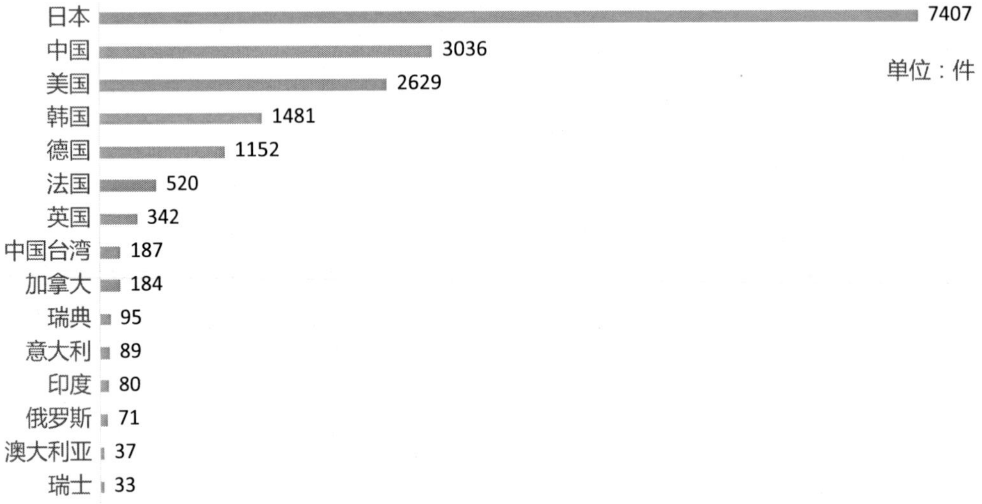

图2-14 车用燃料电池领域专利发明人地区分布图

3. 技术应用国分析

某国或某区域作为来源地司法管辖的专利公开数量，代表着在该国或该区域申请授权的专利数量。一般在某国或某区域申请的专利数量越多，代表着专利申请人越看重该市场，从而希望在该国或该区域进行更多的专利布局。由图 2-14 和图 2-15 对比可知，来源地司法管辖权的专利分布与专利发明人的国别分布有较大差异，说明一部分专利涉及跨国企业和异国申请，这一部分专利往往具有重要的分析价值。从中国和日本这两张图的对比分析可以看出，对中国而言，中国当地发明人专利少于中国来源地管辖权专利，说明更多的国外发明者倾向于在中国市场申请专利，意味着中国基本上在这个领域属于技术输入型国家，很多跨国企业在重视中国车用燃料电池的庞大市场，在专利布局上相应地也引起了重视。中国之所以能够成为各国布局车用燃料电池专利的香饽饽，一方面与中国汽车产销增速始终高于全球平均增长水平有关，另一方面也与中国市场还未对车用燃料电池专利进行有效布局且对已有专利缺乏有效维护，以及中国的车用燃料电池研究开发并不成熟有关。而对日本而言，日本发明人拥有的专利数量要大于日本来源地管辖权专利，意味着日本的车用燃料电池发明机构和个人非常重视在其他国家布局自己的专利，为下一步燃料电池汽车的生产和销售铺路。对美国和韩国而言，国内专利发明人拥有的车用燃料电池专利与本国来源地管辖权专利基本持平。

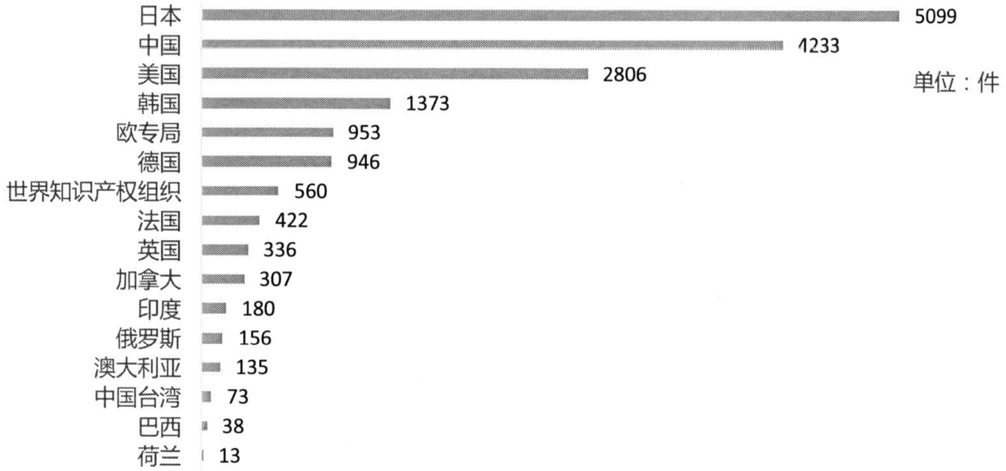

图 2-15 车用燃料电池专利的应用地区分布图

4. 专利权人竞争力分析

从车用燃料电池专利权人的竞争气泡图可以分析得出各国专利权人的经济实力、技术研发水平以及所拥有的专利数量等。其中每个气泡分别代表着某一位申请人，其所处横坐标越往右代表着其拥有的专利质量越高，纵坐标值越大代表着该申请人的综合财务实力越好，而气泡的大小则代表着该申请人拥有的专利数量，气泡越大表示该申请人拥有的相关专利数量越多（见图 2–16）。

可以很明显地看出，日本丰田汽车非常清晰地处在整个专利气泡图坐标系的最右上角位置，而且其专利气泡也是所有专利申请人中最大的，这说明丰田汽车在车用燃料电池技术方面的专利不仅是数量最多、质量最高的，而且丰田公司本身的综合财务实力雄厚，无论是在车用燃料电池的技术研发还是在未来燃料电池汽车的生产和销售方面都拥有非常强的竞争力，占据了非常大的优势。同样属于日本企业的本田汽车和日产汽车公司无论在专利数量还是在专利质量上，也都排名前列，但是与丰田对比，也只能望其项背。

韩国现代汽车的专利数量和专利质量上与本田和日产不相上下，但是在企业的财务状况上实力不及上述两家企业。德国的戴姆勒股份有限公司、美国的福特和通用汽车公司在车用燃料电池汽车领域也占据着一定地位，但其拥有的专利数量和专利质量却不及日本公司。总体来看，日本企业占据了车用燃料电池主要机构的一半以上，在该领域无论是专利数量、专利质量还是企业数量、企业实力方面都具有绝对优势。中国自主品牌汽车企业目前还未出现在车用燃料电池主要专利权人的竞争力气泡图中，说明中国本土企业对车用燃料电池这类的新能源汽车动力系统还关注较少，很少涉及该领域，虽然在专利上有所布局，但是也仅仅处于技术储备阶段，并没有一个清晰可循的燃料电池汽车开发方案与计划，以合资公司联合申请专利为主。

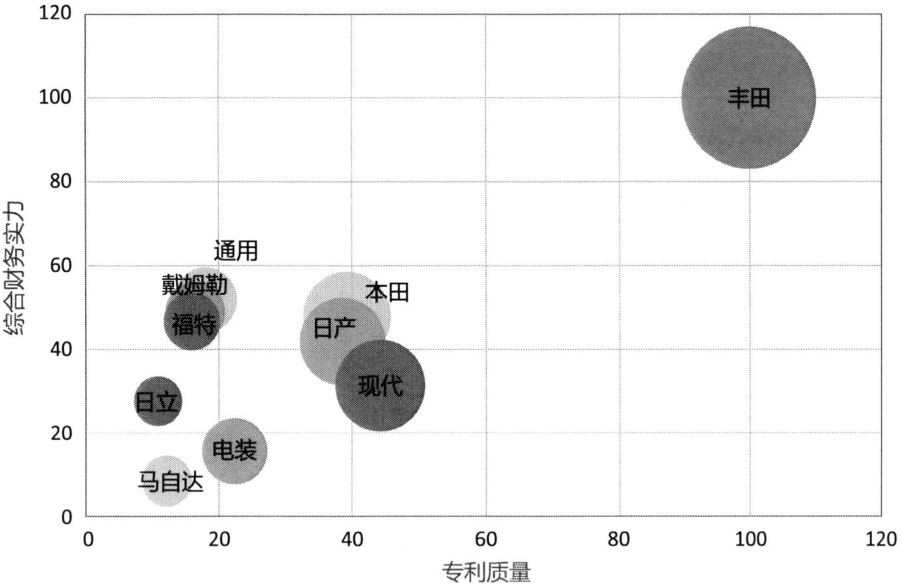

图 2-16 车用燃料电池领域主要申请人综合竞争力分析图

5. 高强度专利分析

利用 innography 专利系统，可以按特定的算法对专利进行质量强度分析，其将专利分为 10 个等级，当专利质量越好，其所得分数也越高。将车用燃料电池专利按专利强度为 7~10 级进行筛选时，共筛选出 1167 件专利，这些高质量专利按发明人所在国家分布的具体情况如图 2-17 所示，反映出各个国家的技术创新实力。

在 1167 件专利中，来自美国和日本的专利分别有 586 件和 358 件，分别占高质量专利总量的 50.2% 和 30.7%，远远多于排名第三和第四的德国和中国，因而可以说美国和日本的专利发明人在此领域掌握了较多的核心技术，牢牢地控制住了行业的主导方向，而其他国家往往只能在美国和日本的核心专利周围进行专利布局，要想突破美国和日本在此领域如此多的技术壁垒则很难。来自中国的核心专利仅 39 件，相对于美国和日本等核心专利超级大国来说存在较大差距。中国再不对车用燃料电池领域进行专利质量和企业终端运用上的布局，就有可能错失这一波车用燃料电池的发展机遇，从而被发达国家抢占国内广阔的市场。

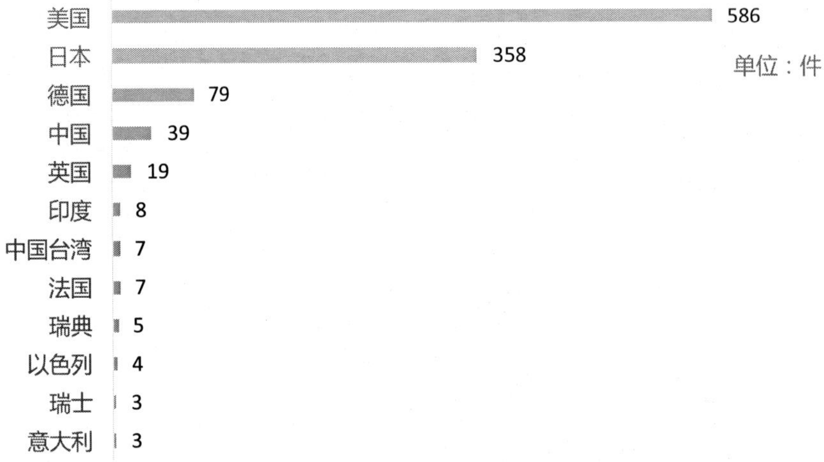

图 2-17　车用燃料电池领域核心专利地区占比图

2.2.4　中国车用燃料电池专利技术分析

1. 专利趋势分析

截止到 2016 年 10 月，中国车用燃料电池专利共 3972 件。从趋势图（图 2-18）上看，中国的车用燃料电池专利申请数量自 1997 年到 2006 年一直稳步上升，专利申请量在 2006 年达到顶峰。此后，中国车用燃料电池专利申请量出现了一定程度的波动，但是都维持在 250~300 件之间，而车用燃料电池专利的授权量则一直处在比较低的位置上，直到近些年才有所回升，说明中国车用燃料电池专利申请的质量还有待提高。出于数据滞后性的原因，2014 年后的数据比较失真。总体来看，中国车用燃料电池已经经历了十几年的发展，具备一定的技术储备。

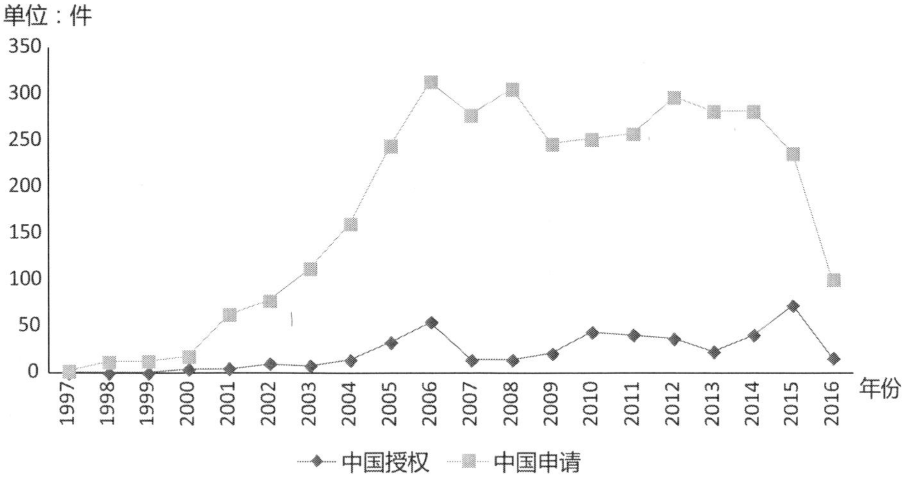

图 2–18　中国车用燃料电池专利发展趋势图

2. 专利发明人国别情况

如图 2–19 所示，从中国车用燃料电池专利发明人的国别看，来自日本的发明人有 321 件专利，占专利总数的 8.1%；美国的发明人有 188 件专利，占到 4.7%；韩国发明人有 65 件专利，说明日本、美国和韩国是在中国国内进行车用燃料电池专利布局的主要国家，其余国别发明人分布的国家和地区也较为集中，分布在德国、法国、英国等国家。

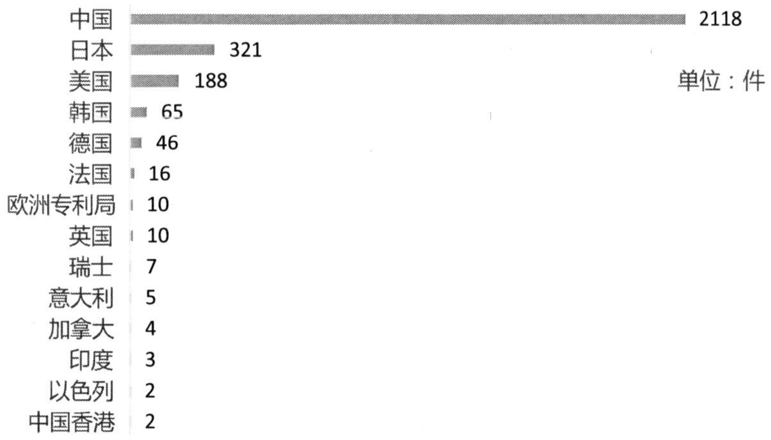

图 2–19　中国车用燃料电池领域全球发明人地区分布图

3. 专利权人竞争力分析

如图 2–20 所示，从中国车用燃料电池专利权人的竞争力情况分析可以看出，丰田汽车在中国市场布局的专利，无论是专利数量、专利质量和企业本身的竞争力方面都位居首位，其次是通用汽车。虽然中科院无论在专利数量还是在专利质量方面，与通用汽车不相上下，但其经济实力与通用汽车还有差距。国内的其他高校如哈尔滨工业大学、武汉理工大学、清华大学、华南理工大学、上海交通大学等在车用燃料电池的专利质量方面都表现不俗，但由于都是高校，经济实力与企业还不能同日而语。这说明我国车用燃料电池的专利大部分由高校发明，而高校专利维持期限较短，无效之后其他人就可以免费使用，这给了很多国外专利机构钻空子的机会，他们甚至建立起中国高校的无效专利池，出于政治或商业目的重新在国内外进行专利的申请和布局。为此需要鼓励高校和科研院所对科技成果进行转化，对科技成果完成人员和为成果转化做出贡献的人员进行奖励。对于以技术转让或者许可方式转化职务科技成果的，应当从技术转让或者许可所取得的净收入中提取不低于 50% 的比例用于奖励。以科技成果作价投资实施转化的，应当从作价投资取得的股份或者出资比例中提取不低于 50% 的比例用于奖励。在研究开发和科技成果转化中做出主要贡献的人员，获得奖励的份额不低于奖励总额的 50%。鼓励高校科技人员自主创业，落实科技人员离岗创业政策，同时加大高校与企业的产学研合作。

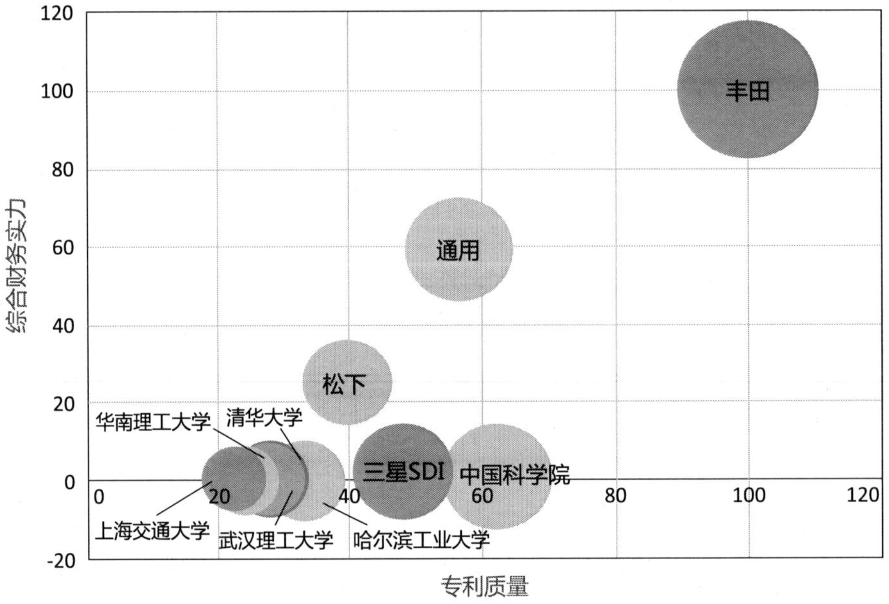

图 2-20　中国车用燃料电池领域主要申请人综合竞争力分析

4. 高强度专利分析

利用 innography 专利系统，将中国车用燃料电池汽车按专利强度为 7~10 级进行筛选，筛选出的专利数目仅为 3 件，均来自国外，且其中有两条已经失效。

2.2.5 小结

燃料电池汽车以其高效率和近零排放，被认为是新能源汽车终极的发展目标，极具发展潜力和前景。

对于国际市场：（1）各国从 1997 年起就开始申请和布局车用燃料电池专利，直到 2000 年开始有了一个突破式的增长。近些年呈现波动上行趋势；（2）从专利发明人占比情况看，日本的发明人所拥有的专利数量最多，在车用燃料电池专利发明领域具有绝对优势；（3）中国专利虽然排名第二位，但是专利申请的质量并不高，对高强度专利进行检索后发现，日本、美国和德国的高质量专利数目远远高于中国；（4）日本非常重视将车用燃料电池专利布局到国外，而中国则是车用燃料电池专利布局和应用的重要国家。

国外发达国家对燃料电池给予不同程度的政策支持，推动燃料电池汽车商业化发展进程。美国、日本以及欧盟从发展规划、行业技术标准、财税政策以及公共采购几个维度对燃料电池以及燃料电池汽车给予政策支持。目前，国外车企普遍制定了燃料电池汽车发展规划，对相关车型的量产制定了时间表，同时对相关技术和成本的降低提出了目标。从各个车企的规划内容来看，基本上可以划分为两大类，一类是以丰田为代表的，同时注重燃料电池核心技术的研发和量产车的推出，主要包括丰田、现代、本田等；另一类是以大众为代表的，更多注重燃料电池核心技术的研发，对于相关量产车型的推出规划力度较弱，主要包括大众、通用、宝马等。

对于国内市场：（1）中国车用燃料电池已经经历了十几年的发展，具备一定的技术储备；（2）中国车用燃料电池的专利的申请大部分由高校完成，还停留在理论设想阶段，且高校专利维持期限较短，往往还没有来得及进行成果转化就已经被无效了，严重影响了这些专利的产业化进程；（3）中国车用燃料电池的核心专利非常少，与日本、美国在车用燃料电池上的技术水平差距大。

不过，近些年我国密集出台相关政策，支持包括新能源汽车在内的燃料电池的发展。2015 年出台《中国制造 2025》规划纲要，对燃料电池汽车的发展战略做出三个发展阶段的规划。2016年，国家发改委和国家能源局印发了《能源技术革命创新行动计划（2016—2030）》《能源技术革命重点创新行动路线图》，对燃料电池的三个重点领域进行规划：

（1）氢的制取、储运及加氢站。重点在大规模制氢、分布式制氢、氢的储运材料与技术，以及加氢站等方面开展研发与攻关。

（2）先进燃料电池。重点在氢气/空气聚合物电解质膜燃料电池（PEMFC）、甲醇/空气聚合物电解质膜燃料电池（MFC）等方面开展研发与攻关。

（3）燃料电池分布式发电。重点在质子交换膜燃料电池（PEMFC）、固体氧化物燃料电池（SOFC）、金属空气燃料电池（MeAFC），以及分布式制氢与燃料电池（PEMFC 和 SOFC）的一体化设计和系统集成等方面开展研发与攻关。

2.3 超级电容的专利技术分析

2.3.1 超级电容的介绍

插电式混合动力车对储能装置各项技术指标的需求逐渐提高，当前电池的标准设计能力已无法满足实际所需，成为制约插电式混合动力车发展的瓶颈，而大容量超级电容将成为理想动力电池的研究方向。

超级电容器（Ultracapacitor）是介于电池和静电电容之间的过渡储能元件，常作为短时间的功率输出源。根据电极材料和储能机理，可分为采用炭电极材料，电极和电解液界面上电荷分离产生的双电层电容；采用金属氧化物电极材料，电极表面和体相发生氧化还原反应而产生可逆化学吸附的法拉第电容；采用导电聚合物电极材料，发生氧化还原反应的电容。根据结构以及电极反应，可划分为对称型和非对称型。根据电解液则可以划分为有机、水系以及全固态类型。按储能机理，可分为双电层电容、赝电容、混合型超级电容器，其中混合型超级电容器为正负极分别采用不同材料的电容，一极采用传统的电池电极或赝电容电极，另一极则通过双电层来储存能量，具有双电层电容和电池的双重特征，是目前研究热点。

超级电容相比蓄电池等传统储能设备具备以下优势：(1) 超级电容直接充电，再直接放电，不存在能量转变和损失，充放电效率高达 90% 以上，高于铅酸电池的 70%；(2) 充电速度快，可在数秒至数分钟内完成充电；(3) 功率密度高，是蓄电池的数十倍；(4) 在其额定电压范围内可任意充放电，而蓄电池则受自身化学反应限制，工作在较窄的电压范围内，不能过放，否则会被破坏；(5) 动态性好，在相同体积下，是蓄电池功率密度的数十倍、充放电能力的近百倍；(6) 容量大，循环使用寿命长，没有记忆效应，相对成本低，工作温度范围广，能量回收强，紧急制动能量回收高达 75%，可通过并联或串联等方式增加容量。但超级电容的不足在于同等重量的超级电容续航里程仅为铅酸电池的三分之一。

表 2-3　铅酸电池、镍氢电池、锂电池、超级电容、普通电容对比

性能	铅酸电池	镍氢电池	锂电池	超级电容器	普通电容器
充电时间（s）	$(3.6\sim18)\times10^3$	$(3.6\sim18)\times10^3$	$(3.6\sim18)\times10^3$	0.3~30	$10^{-3}\sim10^{-6}$
放电时间（s）	$(1.08\sim18)\times10^3$	$(1.08\sim18)\times10^3$	$(1.08\sim10.8)\times10^3$	0.3~30	$10^{-3}\sim10^{-6}$
比能量（Wh/kg）	10~100（30~45）	50~70	120~190	1~10（5）	<0.1
比功率（W/kg）	$<10^3$（200~400）	200~500	1200~2000	$<10^4$（>3000）	$<10^5$
循环寿命（次）	$<10^3$	500~1000	600~1500	$>10^5$	$>10^5$
充放电效率（%）	70~85	70~85	70~85	85~98	>95

近年来，许多国家已经将超级电容项目列入国家重点研发项目，成为 21 世纪重点发展的新型储能产品之一。目前，超级电容的研究开始专注于大功率的输入、输出以及大能量存储。凭借优异的性能，应用前景广泛，将在消费性电子产品、通信、再生能源（太阳能能源系统、风力发电系统）、电力（智能电网）、航空航天、铁路、轨道交通、新能源汽车（电动汽车、混合动力汽车）、特殊载重车辆、国防等众多领域有巨大的应用价值和较大的市场空间。

本文研究应用于新能源汽车的超级电容器，但由于超级电容器单体产品基本一致，车用超级电容器与非车用超级电容器在性能及其指标参数上没有差别，无法对车用超级电容器、非车用超级电容器加以区分，故在对超级电容器专利、创新资源、产业链和技术预见进行研究、收集材料时，均未对超级电容器的应用范围进行限定。

2.3.2 超级电容专利的数据来源

超级电容的全球专利数据源自 innography 的检索系统，数据的检索日期截止到 2016 年 10 月，共获得全球专利 40223 件（申请专利 30012 件），其中中国专利 13857 件（申请量 11211 件）。在国家知识产权局网站发布的中国专利数据库检索中国专利并进行人工筛选处理，获得中国专利共计 8176 件。由于翻译、检索项范围、专利入库时间等原因，两个数据库检索所得中国专利数量存在差异，为统一数据源，中国专利数据采用 innography 检索结果。本书通过对国外和中国专利数据的处理和分析，了解国际超级电容的总体发展状况、技术分布领域，为我国今后超级电容发展提供参考。

全球超级电容的检索表达式如下：

(@title ("supercapacitor" or "super capacitor" or "ultracapacitor" or "super-capacitor" or "ultra capacitor" or "ultra-capacitor" or "electrochemical capacitor" or "electrochemical-capacitor" or "electro-chemical capacitor" or "electro chemical capacitor" or "EDLC" or "double layer capacitor" or "double-layer capacitor" or "double layer capacitance" or "double-layer capacitance" or "electric double-layer capacitor" or "electric-double-layer capacitor" or "electrical double-layer capacitor" or "electrical-double-layer capacitor" or "electrostatic double-layer capacitance" or "gold capacitor" or "gold-capacitor" or "SUPERCAP" or "electrochemical pseudocapacitance" or "electrochemical pseudo capacitance" or "electrochemical pseudo-capacitance" or "Faradaic pseudocapacitance" or "Faradaic pseudo capacitance" or "Faradaic pseudo-capacitance" or "pseudocapacitance" or "pseudo capacitance" or "pseudo-capacitance" or "pseudocapacitor" or "pseudo capacitor" or "pseudo-capacitor" or "pseudocapacitive energy storage" or "pseudo-capacitive energy storage" or "hybrid capacitor" or "super ceramic capacitor" or "lithium ion capacitor" or "lithium-ion capacitor" or "Li-ion capacitor")) or (@* (IPC_H01G or IPC_H01M or IPC_H02J or IPC_B60L or IPC_H02M or IPC_C01B or IPC_C01G or IPC_C08L or IPC_C08F or IPC_C08J or IPC_B60K or IPC_B60W020 or IPC_C08G) and @(abstract, claims，title) (“supercapacitor” or “super capacitor” or “ultracapacitor” or “super–capacitor” or “ultra capacitor” or “ultra–capacitor” or “electrochemical capacitor” or “electrochemical–capacitor” or “electro–chemical capacitor” or “electro chemical capacitor” or “EDLC” or “double layer capacitor” or “double–layer capacitor” or “double layer capacitance” or “double–layer capacitance” or “electric double–layer capacitor” or “electric–double–layer capacitor” or “electrical double–layer capacitor” or “electrical–double–layer capacitor” or “electrostatic double–layer capacitance” or “gold capacitor” or “gold–capacitor” or “SUPERCAP” or “electrochemical pseudocapacitance” or “electrochemical pseudo capacitance” or “electrochemical pseudo–capacitance” or “Faradaic pseudocapacitance” or “Faradaic pseudo capacitance” or “Faradaic pseudo–capacitance” or “pseudocapacitance” or “pseudo capacitance” or “pseudo–capacitance” or “pseudocapacitor” or “pseudo capacitor” or “pseudo–capacitor” or “pseudocapacitive energy storage” or “pseudo–capacitive energy storage” or “hybrid capacitor” or “super ceramic capacitor” or “lithium ion capacitor” or “lithium–ion capacitor” or “Li–ion capacitor”)) or @* (IPC_H01G009155) or @* (IPC_H01G011000)[1]

中国超级电容的检索表达式如下：

名称 =(((超级 % or 电化学 % or 双电层 % or 双电荷层 % or 双层 % or 电双层 % or 电偶层 % or 黄金 % or 法拉 %) and 电容 %) or 赝电容 % or 准电容 % or 超电容 % or 电容电池 % or 电容器电池 % or 锂离子电容 %) or 摘要，主权项 +=(((超级 % or 电化学 % or 双电层 % or 双电荷层 % or 双层 % or 电双层 % or 电偶层 % or 黄金 % or 法拉 %) and 电容 %) or 赝电容 % or 准电容 % or 超电容 % or 电容电池 % or 电容器电池 % or 锂离子电容 %) and 主分类号，分类号 +=(H01G% or H01M% or H02J% or B60L% or H02M% or C01B% or C01G% or C08L% or C08F% or C08J% or B60K% or B60W20% or C08G% or 13–03% or 13–02% or 12–08% or 14–99%) or 主分类号，分类号 +=(H01G9/155% or H01G11%)[1]

---

[1] 在 Innography 系统中检索。

[1] 在中国专利数据库中检索。

2.3.3 全球超级电容专利技术分析

1. 专利趋势分析

全球超级电容领域专利申请和授权总体呈现上升趋势，经历了两个阶段。第一阶段1927—1997年为萌芽期，其中自1927年由法国人首次申请超级电容专利之后近四十年，断断续续有专利申请人提交专利申请，但累计申请专利仅有14件；1965—1997年专利申请不活跃，年专利申请量不超过100件，处于研发起步阶段，研发周期相对较长。第二阶段1997—2016年为快速成长期，如图2-21所示，1997—2001年，专利申请量稳步增长，从1995年起年申请量增加到了200件以上，到2000年年申请量超过500件。2002—2007年为震荡上升期，2005年年申请量首次突破1000件，2006年年申请量达到小高峰。2008年至今，专利申请量急剧上升，年均增长16.7%，处于技术快速发展阶段。到2013年年申请量达到2825件。但是，专利授权量一直在较低水平上稳步上升，与专利申请量的差距越拉越大。

对第二阶段的专利申请国别进行分析可以看到，通过日本专利局、中国知识产权局、美国专利商标局等申请的超级电容领域专利数量居多（见图2-22）。日本专利申请量在经历了2000—2006年的高峰期后，呈现下降趋势，说明日本在该领域专利技术趋于成熟，不过此后在2012年和2014年又出现两次不同程度的上升。中国、美国的专利申请量呈现上升趋势，其中中国增长最为迅速。中国专利申请量在2009年超过日本后，迅猛增长，遥遥领先于其他国家和地区，2011年年申请量首次超过1000件，达到1121件，是唯一一个年申请量超过1000件的国家。这主要是因为科技部将超级电容器在电动车上的应用列入国家“863计划”电动汽车重大专项，导致中国对超级电容越来越重视，加强了对超级电容关键技术的研发、布局和保护。

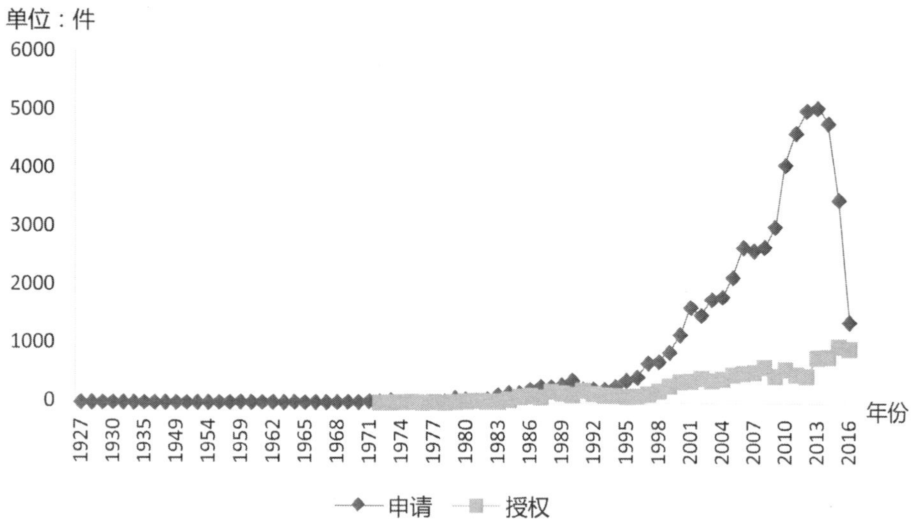

图 2-21　全球超级电容专利申请趋势图

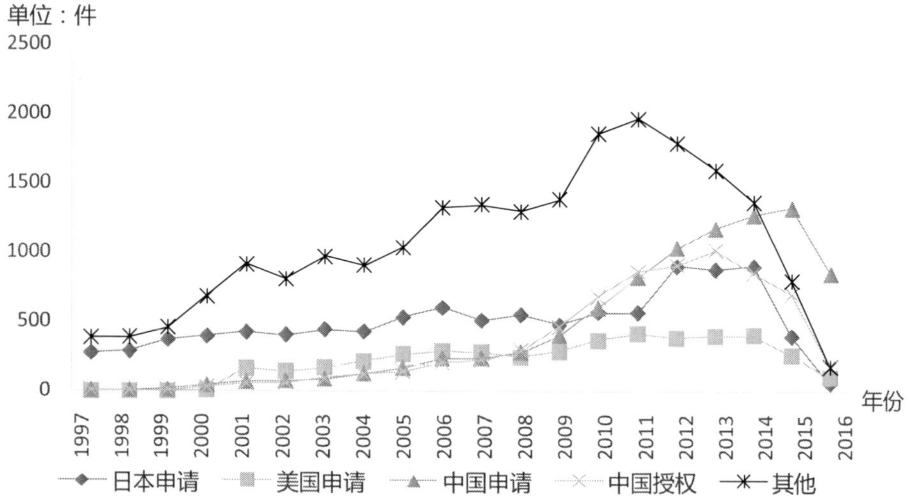

图 2-22　全球超级电容专利申请国别分析图

其中，双电层电容申请量最多，占全球申请量的 95.3%，且技术发展较早，受重视度不断提高。赝电容、混合型超级电容出现时间较晚，其中赝电容申请量相对偏少，且发展较为缓慢，而混合型超级电容发展迅猛，已成为近期关注热点，如图 2-23 所示。

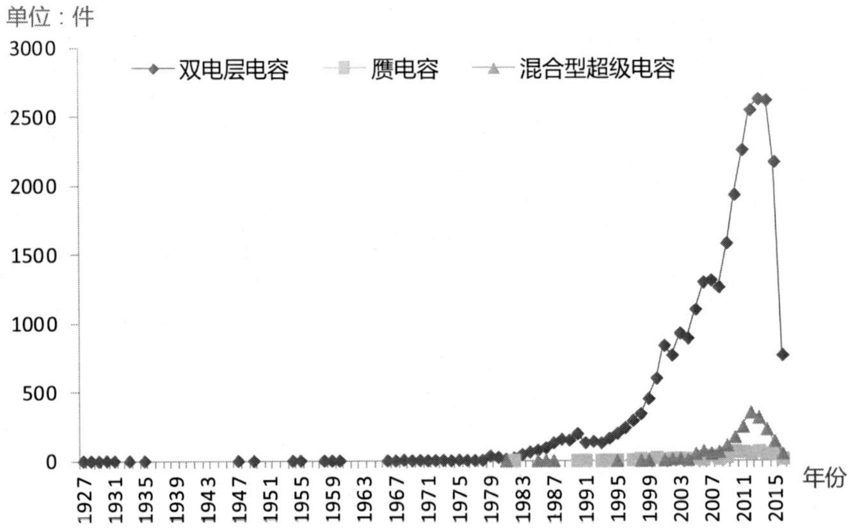

图 2-23 双电层电容、赝电容、混合型超级电容全球专利申请趋势图

从组成部件上看，超级电容电极申请量最多，占全球申请量的 48.0%。电极、隔膜、电解质三方面技术研究起步都较早，其中隔膜申请量相对偏少，且发展相对缓慢，而电极、电解质专利申请发展迅猛，一直以来是关注热点，如图 2-24 所示。

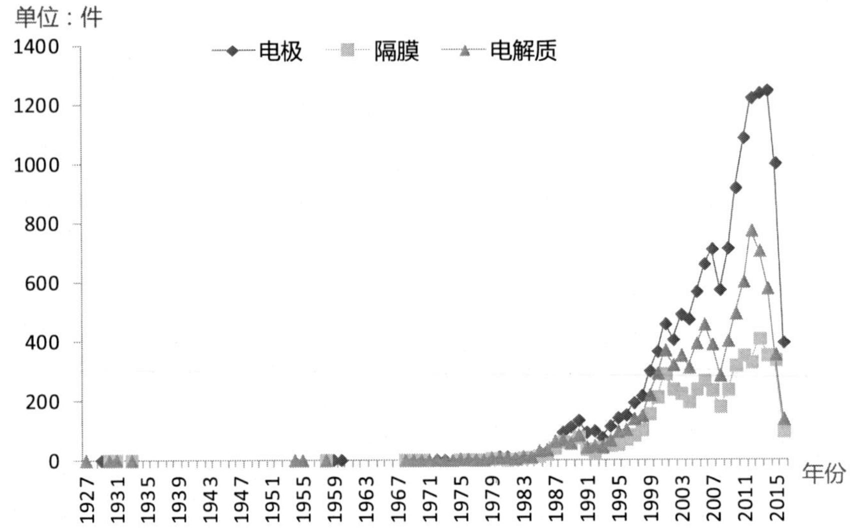

图 2-24 超级电容电极、隔膜、电解质全球专利申请趋势图

2. 专利申请国国别分析

从年度专利申请国别分析，通过日本专利局、中国知识产权局、美国专利商标局、世界知识产权组织、欧洲专利局等申请的超级电容领域的专利申请量居多。日本专利申请量在 2006 年达到顶峰，为 401 件，经历 2000—2006 年的高峰期后，呈现下降趋势，说明日

本在该领域专利技术趋于成熟。除了日本出现下降趋势外，中国、美国、世界知识产权组织、欧洲专利局等专利申请量呈现上升趋势，其中中国增长最为迅速。中国专利申请量在 2008 年超过日本后，迅猛增长，遥遥领先于其他国家和地区，2011 年年申请量首次超过 1000 件，达到 1121 件，是唯一一个年申请量超过 1000 件的国家。这主要是因为科技部将超级电容器在电动车上的应用列入了国家 863 计划电动汽车重大专项，导致中国对超级电容越来越重视，加强对超级电容关键技术的研发、布局和保护。

日本和中国的申请人非常重视通过专利来保护超级电容领域技术。中国的申请人的专利申请量最大，为 10000 件，约全球专利申请量的三分之一，达 33.3%；其次是日本的申请人，申请量为 8796 件，占全球专利申请量的 29.3%（图 2–25）。美国的申请人的申请量位列第三位，达到 4584 件。韩国的申请人的申请量达到 1748 件，位居第四位。接下来是德国和法国的申请人，申请量分别为 1222 件和 898 件。

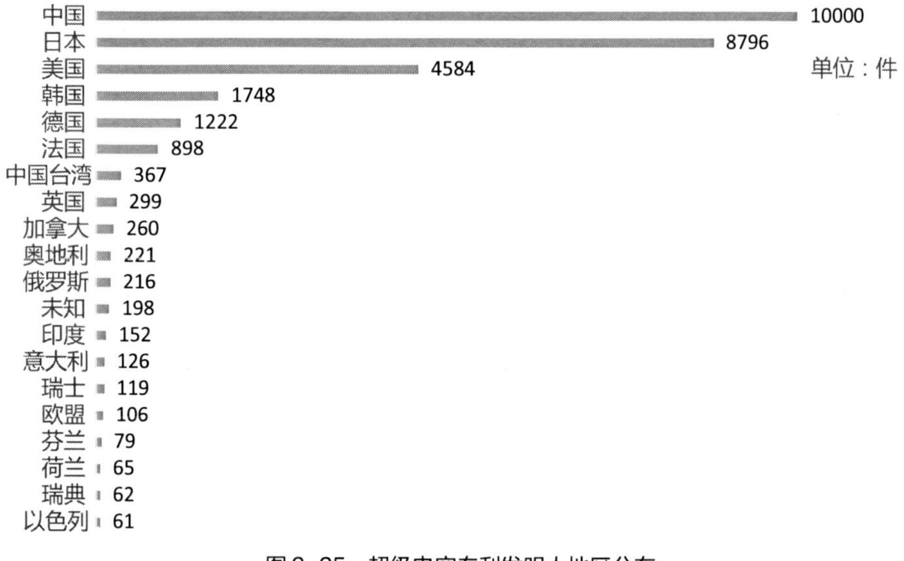

图 2–25　超级电容专利发明人地区分布

在超级电容领域，中国是近几年专利申请最活跃的国家，2011—2015 年，申请量占总申请量的 77.0%。韩国的申请人也较为活跃，2011—2015 年申请量占总申请量的 46.3%。美国、法国、德国 2011—2015 年申请量占总申请量的比重不高，分别为 41.1%、39.5% 和 30.7%。日本 2011—2015 年申请量占比相对较低，仅为 18.6%。这表明中国和韩国在超级电容领域的研究处于起步阶段，研发投入增大，发展迅速，为未来技术发展奠定基础；法国、美国、德国对超级电容技术的研究热度持续；日本在超级电容领域技术相对比较成熟。

3. 技术应用国分布

超级电容领域全球专利申请主要流向中国、日本、美国，这三个国家的市场受到各国的重视，市场发展前景良好（图 2–26）。中国作为目前超级电容应用的最大市场之一，超级电容领域专利在中国的申请量居各国家之首，为 11211 件，占总申请量的 37.4%，其中 86.6% 的专利均由中国的申请人申请，其次为日本的申请人在中国的申请。韩国、德国、法国的申请人在中国的申请相对较少。超级电容领域专利在日本的申请量占全球总申请量的 21.7%，其中申请量最多的为日本的申请人，其次是美国和韩国的申请人，申请量分别为 427 件和 138 件。超级电容领域专利在美国的申请量位列第三，占总申请量的 13.0%，除美国的申请人外，日本的申请人在美国的申请量最多，为 977 件，且多于在其他国家的申请量，说明日本较为重视美国市场。

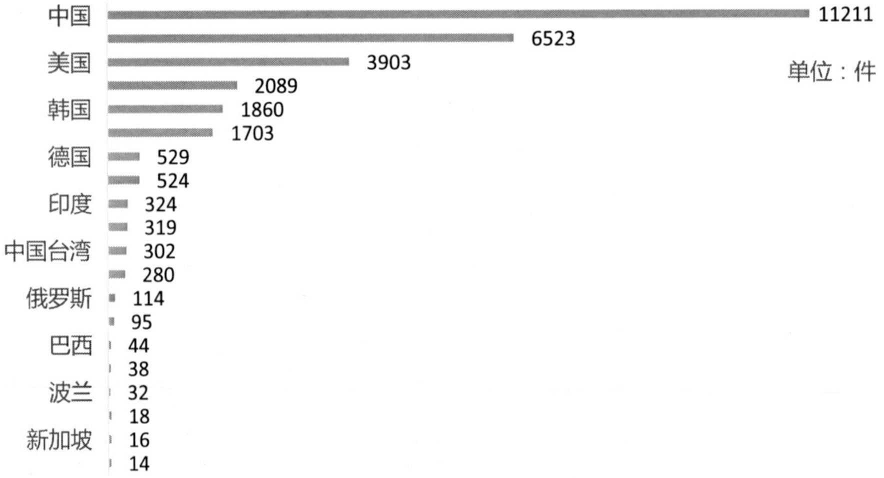

图 2–26 超级电容专利申请的应用地区分布

从专利申请的流向看，韩国和中国的申请人目前还未在法国开展申请。韩国的专利申请，主要流向地是日本和美国。中国的专利申请集中在中国，在日本、美国、韩国的申请量均很少，说明中国申请人在其他国家专利布局和保护较弱，申请人技术研发能力不强。美国申请人在日本和中国的申请量较为接近，表明美国重视日本和中国两大市场的专利保护。日本和美国申请人在多个国家有专利布局，技术实力相对领先。

4. 专利权人竞争力分析

从申请人申请的专利数来看，日本、美国的企业处于领先位置，优势显著。在申请量超过 200 件的申请人中，日本企业 8 家、美国 3 家、德国 1 家、韩国 1 家、中国 1 家。日本松下以 841 件专利遥遥领先于其他企业，且专利质量明显优于其他企业，NEC（日本电气股份有限公司）以 509 件列第二位，处于申请量的第一集团，申请量超过 500 件；美国的康宁与麦克斯威合作开展超级电容研究，专利申请量猛增，排在第三位，为 320 件。美国的麦克斯威、通用电气均是最早研究超级电容的企业之一，专利质量相对较好，但通用电气的综合财务实力较强（见图 2–27）。

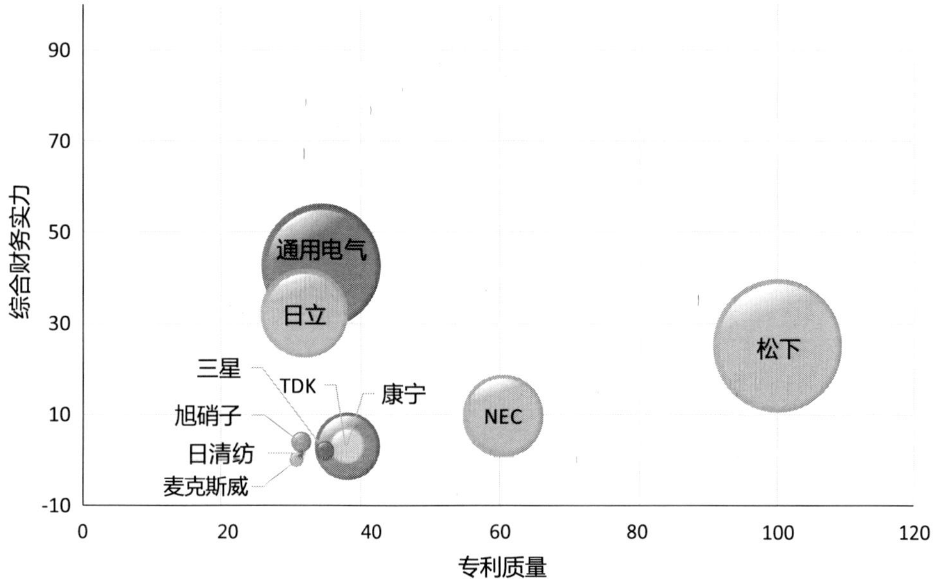

图 2–27　超级电容全球专利申请人竞争力情况

松下、旭硝子、日清纺、本田、明电舍五家企业活跃度不高，近五年（2011—2015 年，下同）的申请占比比较少，均不足 10%，说明这些企业已有退出该领域的想法。日本电气、东电化、日立、麦克斯威四家企业近五年专利申请占比在 10%~25%，表明该四家企业在超级电容领域进行着持续研究。康宁、三星电子、海洋王照明科技、通用电气、西门子五家企业在超级电容领域发展迅速，近五年申请量占比超过 30%，其中海洋王照明科技、康宁、三星电子占比分别为 86.3%、74.4%、50.9%，显示其在超级电容领域研究的热情较高，如图 2–28 所示。

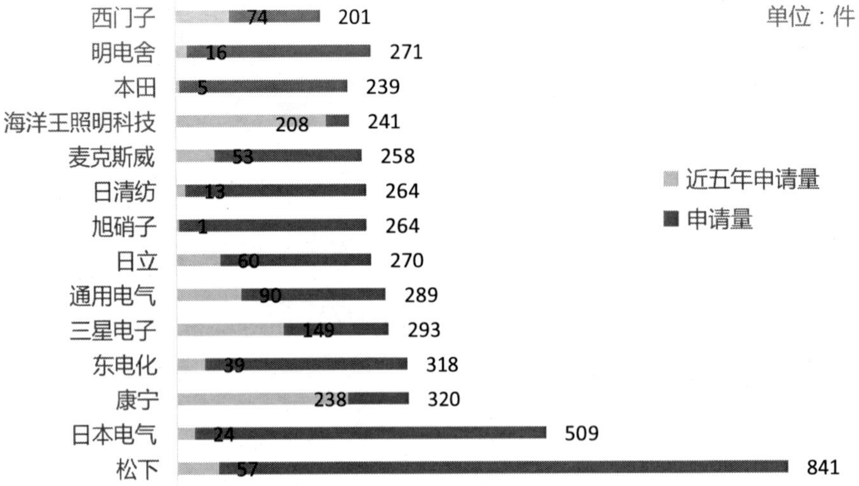

图 2-28　超级电容全球专利申请量超过 200 件申请人的专利申请量

5. 高强度专利分析

利用 innography 专利系统，将世界超级电容专利按专利强度为 7~10 级进行筛选，共筛选出 703 件专利，分布于 24 个国家（图 2-29）。美国的申请人申请的专利有 458 件，占高强度专利总量的 65.1%，远高于第二位的日本（67 件，占比 9.5%），德国、加拿大、韩国、法国、英国拥有 10 件以上的高强度专利，这表明美国在超级电容领域技术较其他国家具有明显优势，专利质量较好，而德国等 5 个国家虽然有一定的技术实力，但与美国差距较大。中国申请人申请的高强度专利为 8 件，占高强度专利总量的 1.1%，在各国家中排名第九位，说明中国在超级电容领域技术与美国、日本等国家仍有差距，但该技术已经跻身世界先进水平行列。

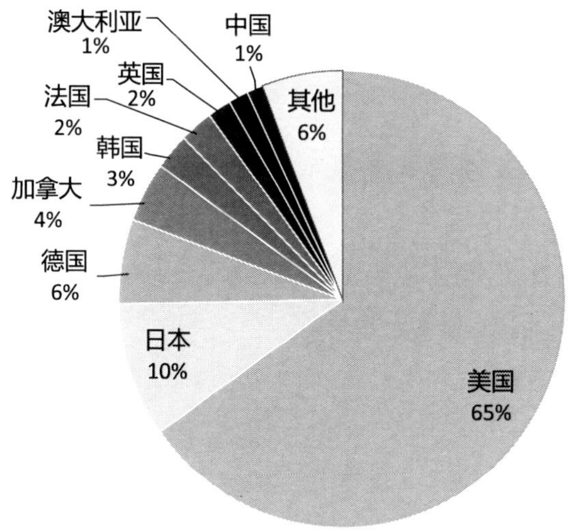

图 2-29　超级电容领域高强度专利申请人国家分布

专利申请量5件及以上的企业中，美国11家、日本2家、德国2家，说明美国、日本、德国企业在超级电容领域具有技术优势，专利质量较高。麦克斯威、通用电气、Cybmet三家企业专利数量居前三位，通用电气的综合财务实力优于其他两家企业，麦克斯威超级电容领域技术较强、专利质量较好，其中通用电气与麦克斯威早已建立战略合作关系，在超级电容领域拥有较强竞争力（图 2-30）。昭和电工、海博龙、唯电科技等专利数量相对较多，但企业综合财务实力相对较弱，而松下综合财务实力相对较强，但专利技术能力相对偏弱，若企业能够开展合作，将增强综合竞争力。总而言之，美国、日本企业在超级电容领域占据着领导地位。

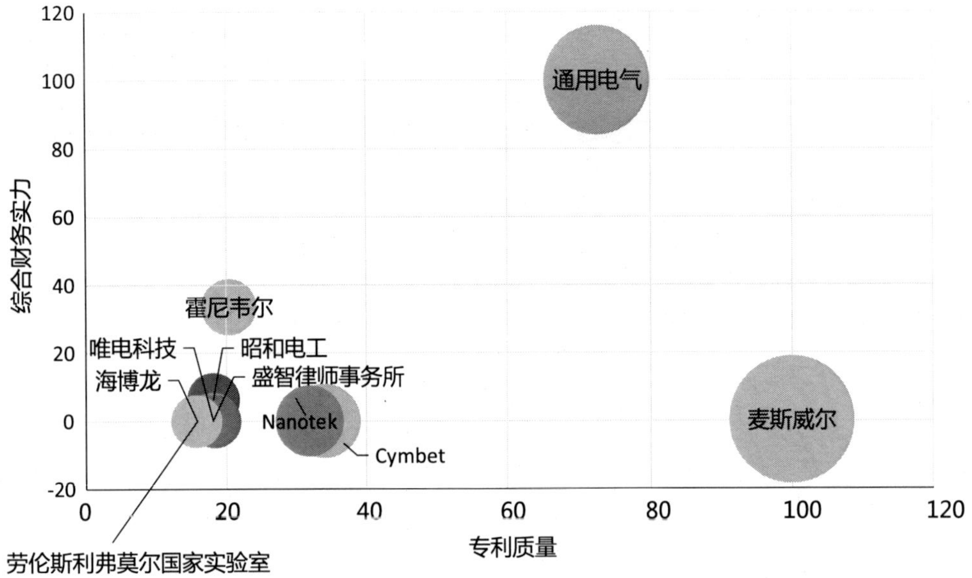

图 2-30 超级电容领域高强度专利申请人竞争力情况

2.3.4 中国超级电容专利技术分析

1. 专利趋势分析

中国超级电容专利申请 11211 件，其中发明专利 7421 件、实用新型 3790 件。超级电容在中国的专利申请整体呈现增长趋势，与全球专利申请趋势相似，说明中国越来越重视对超级电容的研发和保护。1997—2007 年期间，中国专利申请处于缓慢增长阶段。从 2008 年起，中国超级电容专利申请进入迅猛增长时期，到 2015 年年申请量达到 1743 件，年均增长 30.9%，呈现蓬勃发展的状态（见图 2-31）。中国超级电容领域专利授权和申请的趋势基本相同，只是出于数据滞后性的原因，2014 年后的数据比较失真。

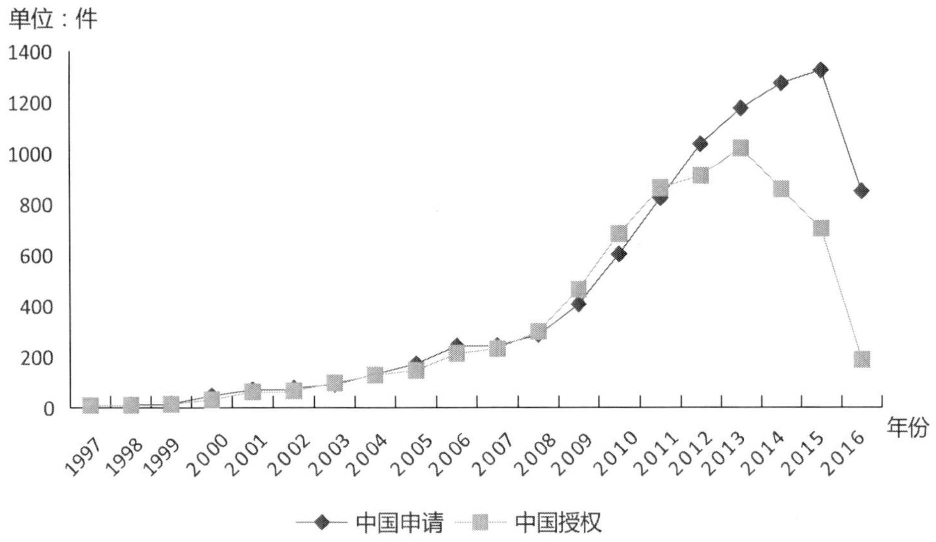

图 2-31　中国超级电容专利发展趋势图

2. 专利申请国国别分析

首先，在中国申请的超级电容专利主要来自中国申请人，申请量 9714 件，占总申请量的 86.6%（见图 2-32）。其中，超过七成专利是近五年（2011—2015 年，下同）申请的（见图 2-33），可见中国已涉足超级电容的研发，且活跃度较高，占有数量优势。其次，日本、美国申请人在中国申请专利较多，分别为 573 件、425 件，分别占 5.1%、3.8%，说明日本、美国重视在中国的专利布局和保护。德国、韩国、法国等国家也看重中国市场，抢占先机。

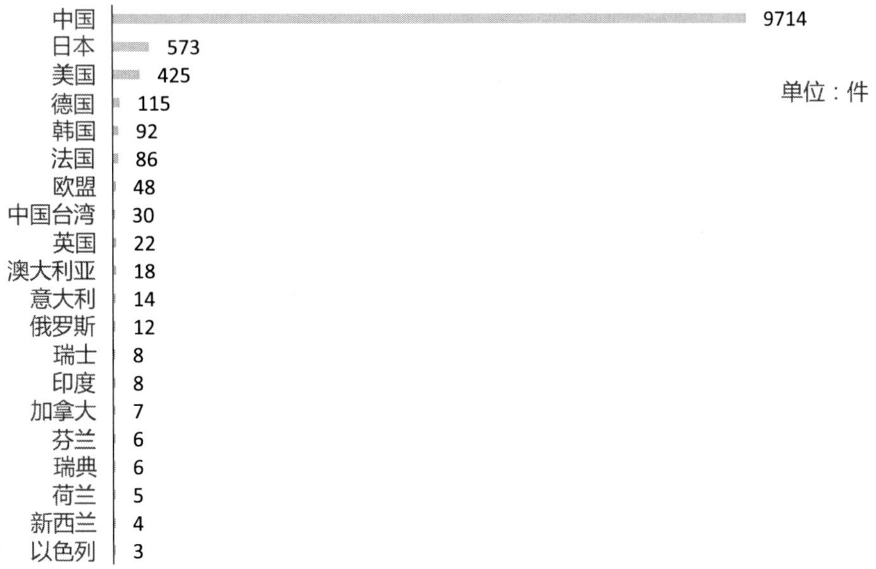

图 2-32　中国超级电容领域专利申请地区分布

图 2-33 中国超级电容领域专利近五年申请地区分布

中国申请人近五年申请的专利量为 7549 件，占中国申请人申请总量的 77.7%，可见中国申请人在超级电容领域中国市场最为活跃。其次是美国申请人，近五年申请量占美国申请人申请总量的 48.2%。韩国申请人也较为活跃，近五年申请量占韩国申请人申请总量的 45.7%。说明韩国、美国越来越重视专利在中国市场的布局和保护。法国、德国、日本申请人近五年申请量占本国申请人申请总量的 41.9%、33.9% 和 29.0%，表明法国、德国、日本对超级电容中国市场的持续关注。

3. 专利申请人分析

从中国专利的申请人类型来看，排在前三十位的申请人中有 18 家来自中国的高校科研院所、10 家中国企业、2 家美国企业和 1 家日本企业，可见中国高等院校、科研机构掌握着许多超级电容领域专利技术，企业拥有专利技术相对较少，因而通过产学研合作或专利转让交易等方式，真正发挥专利价值，推进专利运用。上海交通大学以 112 件专利申请量居高校院所首位，清华大学、浙江大学、吉林大学居第二、第三位（并列），申请量分别为 90 件、71 件、71 件。

海洋王照明科技申请量列中国企业专利数的首位，为 241 件，但与美国和日本企业相比，专利质量、综合财务实力相对偏弱，竞争力不强；主要从事照明设备的研发、生产、销售，已涉足超级电容研究，处于前期研究和专利储备阶段，并未涉及应用。由于超级电容的良好性能在智能电网应用中不断体现，国家电网也加紧了研发，专利申请量已居中国专利企业排名的第二位，达到 182 件。宁波中车新能源科技拥有超级电容研究所、超级电容研发技术创新团队、完全自主知识产权的先进超级电容制造技术，生产研发的超级电容已广泛应用于储能式无轨电车、储能式有轨电车、动车组等，其中动车组已出口马其顿，超级电容储能式无轨电车驶入奥地利；目前已申请中国专利 113 件、国外专利 16 件。上海奥威科技是国内最早研究车用超级电容的企业之一，在 2004 年建成世界上第一座电容公交车快速充电站系统，已具备一定的技术实力，承担过国家 863 计划等国家、地方政府的超级电容应用项目；注重知识产权的保护，制定公司知识产权发展和保护战略规划，并积极有效地实施，目前已申请 63 件专利，为未来创新奠定了基础。上海合既得动氢机器、山东精工电子科技近年来申请量较大，前者倾向于超级电容的应用，后者研发超级电容单体。美国的 TIG Technology、通用电气、康宁，日本的松下、东电化、日清纺等企业在中国有一定的专利布局，可见美国、日本较为重视超级电容领域的中国市场。

从近五年（2011—2015 年，下同）的申请情况看，海洋王照明科技、国家电网、宁波中车新能源科技等 15 家单位活跃度很高，专利申请量占比超过 60%，其中宁波中车新能源科技、上海合既得动氢机器申请占比达到 100%，这表明这些单位有兴趣进军超级电容领域，越来越重视超级电容的研制（见图 2-34）。中南大学、清华大学、天津力神、上海奥威科技申请占比在 40%~60% 范围内，活跃度相对不高，但有进行持续研究的能力。松下申请量占比分别为 16.9%，表明企业一直关注超级电容发展，在此领域的研究持续性较强。

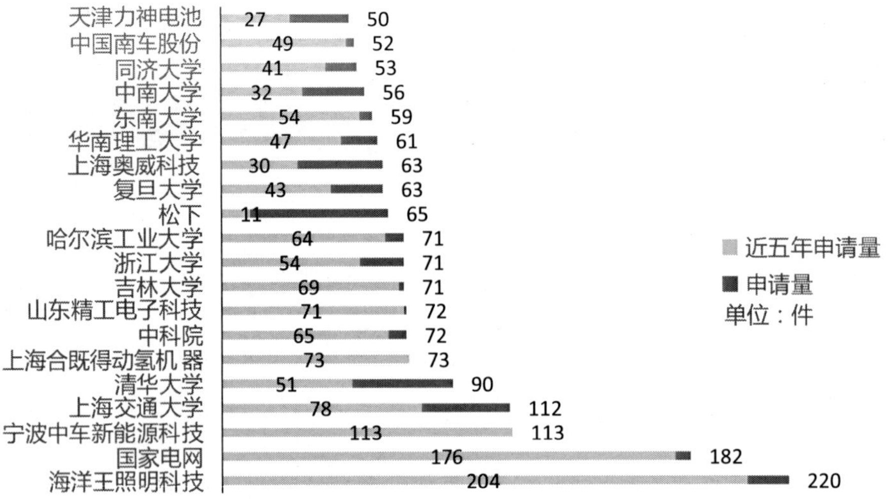

图 2-34　中国超级电容专利申请量超 50 件专利申请人的申请量

4. 高强度专利分析

利用 innography 专利系统，将超级电容中国专利按专利强度为 7~10 级进行筛选，共筛选出 10 条专利，中国、美国申请人申请专利分别为 4 件、3 件，瑞士、德国、加拿大申请人申请专利各 1 件（表 2-4）。发明专利 9 条、实用新型专利 1 条，已失效 3 条发明专利，其中 CN101304945A 专利申请人发生了变更，CN1809942A 专利权人发生变更。根据生产工艺和应用分类，1 条专利属于超级电容的制造方法，6 条专利属于超级电容电极及其材料的制备方法，3 条专利属于超级电容在电力系统、储能系统等的应用。

表 2-4　超级电容领域高强度中国专利

序号	公开号	发明名称	申请日	状态	专利申请人
1	CN1809942A	提高燃料电池电力系统性能的方法和装置	2004-05-03	有效	BALLARD POWER SYSTEMS（变更后为 Daimler AG）
2	CN101009368A	电化学电池的中孔网状电极	2002-03-20	失效（发明专利申请公布后的视为撤回）	Xoliox Sa
3	CN101304945A	纳米碳材料—活性炭复合材料	2006-04-13	失效（发明专利申请公布后的驳回）	SCHLOEGL ROBERT（变更后为 South Chemical Intellectual Property Ltd.）
4	CN102036849A	用于双储能管理的系统和方法	2009-02-19	失效（发明专利申请公布后的视为撤回）	Afs Trinity Power Corp.
5	CN102317206A	用来形成高能量密度超级电容器的活性炭材料的方法	2009-12-15	有效（实审生效）	Corning Inc.
6	CN102569719A	基于干颗粒的电化学装置及其制造方法	2004-07-08	有效（实审生效）	Maxwell Technolonics Inc

（续表）

序号	公开号	发明名称	申请日	状态	专利申请人
7	CN102637468A	复合材料、薄膜电极和超级电容器制备	2011-02-15	有效（实审生效）	天津普兰纳米科技有限公司
8	CN103213970A	氢氧火焰法制备石墨烯粉体以及石墨烯透明导电薄膜的方法	2012-01-18	有效（实审生效）	中国科学院上海硅酸盐研究所
9	CN103382026A	高质量石墨烯的低成本宏量制备方法	2012-05-02	有效（实审生效）	中国科学院上海硅酸盐研究所
10	CN203377814U	用纳米摩擦发电机的风力发电和太阳能发电组合系统	2013-04-22	有效	纳米新能源（唐山）有限责任公司

2.3.5 小结

对于国际市场：（1）全球超级电容领域专利申请呈现上升趋势，2008年之后，专利申请量急剧上升，年均增长16.7%，处于技术快速发展阶段；（2）中国、日本、美国是超级电容技术领域的主要申请国和应用国，领先于其他国家和地区，其中日本和美国技术实力领先，中国是目前超级电容技术应用的最大市场，但中国申请人在其他国家专利布局和保护较弱；（3）中国和韩国在超级电容领域的研究处于起步阶段，发展迅速，法国、美国、德国对超级电容技术的研究热度持续，日本在超级电容领域技术相对比较成熟；（4）全球超级电容技术领域专利申请人主要来自日本、美国，松下、NEC、麦克斯威、通用电气、三星、康宁专利申请量多且质量相对较好；松下、旭硝子、日清纺、本田、明电舍五家企业活跃度不高，近五年的申请占比比较少；三星、康宁、通用电气三家企业在超级电容领域发展迅速。

对于国内市场：（1）中国专利申请量在2008年超过日本后，迅猛增长，遥遥领先于其他国家和地区，是近几年申请最活跃的国家；（2）中国和世界的超级电容技术都主要集中在超级电容及其制造方法、电极碳材料及其制造方法、应用超级电容的电动车或混合动力车及其制造方法，其中电动车或混合动力车及其制造方法属于超级电容应用领域，是目前超级电容发展方向之一；（3）中国高等院校掌握着许多超级电容领域专利技术，企业拥有专利技术相对较少，上海交通大学、清华大学、浙江大学、吉林大学居高校前三位（含并列），宁波中车新能源科技、国家电网、上海奥威科技在国内处于领先地位。

第3章　新能源汽车动力系统创新资源分布

经济全球化是世界经济发展的重要趋势，主要表现为生产要素跨越国界，在全球范围内自由流动。经济全球化带动创新全球化，表现为创新资源在各国、各区域之间加速流动。要想全面把握新能源汽车动力系统的发展状况，就必须深刻把握新能源汽车动力系统创新资源在全球范围内的分布情况，包括国内外重点生产企业、研发机构、关键技术分布等。为此，绘制新能源汽车动力系统全球创新资源分布图并开展相关研究是十分必要的。

3.1　纯电动汽车动力锂电池

3.1.1　全球纯电动汽车动力锂电池的创新资源地图

对纯电动汽车动力系统进行专利分析后发现，锂电池已成为绝大多数纯电动汽车的核心部件。目前世界范围内动力电池的研发和产业化主要集中在三个区域，分别位于德国、美国及日韩所在的东亚地区（见表3-1）。其中，锂电池的生产主要集中在中日韩三个国家。从技术及产业的角度综合来看，日本在技术方面依旧领先，韩国在市场份额上超越日本占据第一位，中国的锂电池企业数量最多、产能最大。

表 3-1 全球各区域纯电动汽车动力锂电池的重点创新机构

国家	创新高地	重点研发机构
美国	纽约	布鲁克黑文国家实验室
		宾汉顿大学（纽约州立大学）
		IBM
	加利福尼亚州	斯坦福大学
		斯坦福 SLAC 国家加速器实验室
		加利福尼亚大学圣地亚哥分校
		特斯拉
	华盛顿州	西北太平洋国家实验室
		华盛顿大学
	得克萨斯州	得克萨斯大学奥斯丁分校
	爱达荷州	爱达荷环境与工程国家实验室
	马萨诸塞州	A123
	伊利诺伊州	阿贡国家实验室
日本	大阪	松下
	京都	GS 汤浅
		村田制作所
	东京	日立
		三菱重工
	东京港区	日本电气股份有限公司（NEC）
		东芝
		宇部兴产
		索尼
	爱知县丰田市	丰田
韩国	京畿道城南市	三星 SDI
	首尔	LG 化学
德国	斯图加特	博世
英国	剑桥	剑桥大学

1. 美国

美国的锂电池研发机构主要共同组建了 Battery 500 共同体计划，其由特斯拉、IBM、美国西北太平洋国家实验室（PNNL）和斯坦福大学等组成顾问委员会，该顾问委员会成员同样是该计划的研究合作伙伴。其他合作实验室和大学（不是顾问委员会成员）还包括以下几家：布鲁克黑文国家实验室、爱达荷国家实验室、斯坦福 SLAC 国家加速器实验室、宾汉顿大学（纽约州立大学）、加利福尼亚大学圣地亚哥分校、得克萨斯大学奥斯汀分校、华盛顿大学。其目标是实现比现有充电容量高出 2 倍的充电能力（达到 500 Wh/kg 的充电密度），同时实现1000辆电动车使用的循环周期。这一目标将会显著减小电池尺寸、降低电池重量，从而获得更加廉价的电池组（成本低于100美元/kWh）和更加经济适用的电动车。

美国华盛顿州东南部哥伦比亚河和亚基马河交界的沙漠地带——美国西北太平洋国家实验室（PNNL）张继光博士课题组提出了一种大幅提升锂电池能量密度的新体系——“无负极”可充锂金属电池（Anode-free rechargeable lithium metal battery，AFLB）。该电池结构与锂离子电池相似，但消除了低容量和低压实密度的负极活性材料（比如最常用的石墨）的使用。因此，相同重量和体积的电池可以比传统电池储存的能量提升40%以上。在首次充电时，锂离子从正极晶格中脱出，在负极集流体上以金属锂的形式沉积；后续循环过程中，电池就像锂金属电池一样工作，但所有的Li源仅由正极供给。要实现这一构想的核心难点在于充放电过程中锂的枝晶生长问题以及较低库仑效率导致的锂金属的迅速损耗和容量衰减：一方面，锂枝晶会刺穿隔膜导致内部短路，从而引起电池热失控等安全事故；另一方面，枝晶生长增加了锂负极与电解液的反应活性，消耗了活性物质，造成锂的循环效率低下。为此，研究人员开发了一种新型的高浓度电解液体系（4 mol/L LiFSI-DME），解决了锂的枝晶生长和循环效率低下等科学难题，从而实现这种“无负极”锂金属电池AFLB近100周的可逆循环。

美国加州旧金山湾区南部的斯坦福大学的研究人员开发出了新型锂电池，有望让电池告别充电过热起火的问题。研究人员采用了聚乙烯薄膜材料，薄膜上嵌入了镍磁粉，会形成纳米级的凸起。研究人员在凸起部分覆盖石墨烯导电材料，让电流可以从表面通过。当温度上升时，薄膜会膨胀，温度升到70℃时凸起部分彼此将不再连接在一起，电路断路，电池关闭。断电可以防止电池过热，随后电池会变冷，镍凸起又会连接在一起，继续让电池通过。只要改变嵌入的粒子数量就可以调节温度的高低，还可以通过使用不同类型的聚乙烯薄膜来实现这个目标。

美国纽约长岛萨福尔克县布鲁克黑文国家实验室（Brookhaven National Laboratory）于2015年宣布研发出一种含铜的新型锂电池。实验室的一个电极材料科研团队对一系列过渡金属氟化物材料进行了研究，过渡金属氟化物材料可被用于制造锂电池的阴极。他们发现，在氟化铁中掺杂铜离子能使该材料储存更多的锂离子，容量大概是传统阴极材料的三倍。而且，测试数据表明这种材料制得的阴极的能量效率也会更高。

美国纽约州阿蒙克市的IBM正在研发一项很有前景的技术——锂空气电池。锂空气电池是通过锂与空气中的氧发生化学反应产生电力。它的原理是在行驶过程中将空气中的氧分子与电池中的锂离子及电子进行反应，从而产生电能。每次充电的时候，氧气就会被排出电池之外。目前市售电动汽车（EV）配备的锂离子电池使用了重金属氧化物，由于锂空气电池不使用重金属氧化物，从而可大幅减轻电池重量，此外还把能量密度提高至10倍左右。和现有锂电池相比，锂空气电池容量更大，锂空气电池的储电能力是目前锂电池的4~5倍。

马萨诸塞州A123系统公司宣布与美国阿贡国家实验室签署协议，共同研发寿命长、安全性高的高能量锂离子电池。A123将其在电池材料开发方面的高科技以及成功经验应用于由阿贡室验室原先开发的镍锰钴氧化物（NMC）技术的商业化发展。与阿贡等其他独立研发机构合作后，A123期望其电池能在现有产品的能量密度基础上再提高60%，应用到电动汽车上的续航里程也能得到相应增长。此项目基于A123现有的镍锰钴氧化物（NMC）技术，而三元电池几乎占据其一半的产量。A123已是低压微混高功率电池的世界领先制造商，其在三元电池高能量应用领域的开发最近也取得显著进展。

2. 日本

日本锂电池研发机构主要集中在东京及周边区域，日本企业的动力锂电池产业化准备工作走在全球最前列，松下、三洋、索尼、NEC（日本电气股份有限公司，简称NEC）、GS汤浅、日立、东芝、TDK、英耐时等几家日本企业的年产能居于全球前列。至于锂电池发展路线的选择，这几家企业各有特点。日立、三菱重工和英耐时坚定地走锰酸锂路线，东芝走锰钛路线，GS汤浅则是锰酸锂和磷酸铁锂并举，ELIIY Power走磷酸铁锂路线，索尼倾向于走磷酸铁锂路线但又有些摇摆。所有日本企业都非常重视技术开发。对于动力锂电池技术的研究开发，日本企业基本上呈现出两大特点：选择正极材料的优先考虑的是能量密度，然后在此基础上致力于安全性的提高；对动力电池性能提高的研究则着眼于结构设计，同时寻求各种关键材料之间的最优配合。

日本大阪——松下。来自日本松下电器的信息显示，日本已经研发出不需要稀有金属钴的锂电池新材料，并试制出了新型锂电池。以日本松下电器京都大学教授吉田润一为首的研究团队，利用锂和碳开发了一种有机新材料，成功地试生产出不用钴作为电极材料的新型锂电池。试验结果表明，新材料生产的电池与含钴材料作为电极的锂电池具有同等容量。这种锂电池有望摆脱对钴的依赖，大大降低生产成本。这种新型材料生产的锂电池的另一优势是电池寿命更长、衰减率更低。实验结果显示，这种新型材料生产的锂电池充放电 100 次，但电池容量的衰减不超过 20%。松下电器计划改良这种新材料，希望将电池充放电次数提高到 500~1000 次，然后进行商品化生产。

日本东京——NEC。NEC 近日宣布开发出了用于商用无人机的锂离子二次电池的原型品，并计划推出产品。据介绍，与商用无人机中常见的锂聚合物二次电池相比，使用新开发的电池能够使可飞行次数达到前者的 2 倍以上。目标是 2018 年度实现 20 亿日元销售额。此次新开发了单位重量的电力容量大的正极材料，高功率输出时的重量能量密度比该公司原有产品提高约 33%。这样，与该公司原有产品相比，在相同重量下，无人机的飞行时间及飞行距离可延长约 33%；在相同能量值下，可减轻重量约 25%。同时，还通过优化电极成分降低了电极电阻，能量功率密度较原有产品提高了 40%。凭借这一点，在无人机急上升和急下降时也能提高输出电流的追随性，实现能减少风力影响的长时间稳定飞行，还能在不加热电池的情况下在大约 -10℃的低温环境下飞行。

另外，新开发的电池还通过优化电极材料、电解液、添加物等的组合，使反复充放电时的耐久性比该公司原产品提高 10% 以上。这一耐久性相当于普通锂聚合物二次电池 2 倍以上的水平，有助于延长电池寿命，可减少成本。并且，该电池在正极和负极的绝缘隔膜中使用了耐高温性强的产品，确保了安全性。

日本东京——日立。日立制作所开发了可使锂离子二次电池（LIB）的能量密度提高 1 倍以上的技术。通过使正极厚度达到原来的 2 倍等手段，30Ah 级电池单元实现了

335Wh/kg 的能量密度。这项技术有望使纯电动汽车（EV）充电一次可行驶的距离延长1 倍。报道称，此次开发的是正极使用镍类材料、负极使用硅（Si）类材料的 LIB。通过对正极实施压膜化处理来增加锂离子量，从而实现高能量密度。不过，只进行压膜处理会导致活性物质分布不均，造成锂离子移动不充分。因此，日立制作所利用扫描型电子显微镜来观察电极切片，根据观察到的信息使电极三维结构可视化，从而开发了可使活性物质、黏合剂及空隙等均匀分布的膜成型技术。另外，为了抑制高电压化处理时电解液导致的分解，还用氧化物皮膜包覆正极材料的粒子，延长了其寿命。

日本爱知县——丰田。丰田汽车公司正在研究以镁电解质取代当前锂离子电池中使用的锂电解质，电解质是一种液体，使离子在其中游走，同时使电池区分出正负两级；该公司镁元素基础化学电池可在接下来的 20 年内面世。丰田认为镁元素相较锂元素有两大好处：首先，镁可以允许密集能量储存；其次，锂是一种不稳定的金属元素，容易引起火灾，镁元素相对更加安全。

丰田北美研究所研究人员表示，他们已经寻找到一种方法，通过利用储氢器中所使用材料来制造镁电解质。丰田汽车公司称，可能需要 20 年的时间来使这一技术大规模投入利用。

3. 韩国

韩国动力电池研发机构主要集中在首尔和城南市的 LG 化学和三星 SDI 几家大型公司，韩国政府已经把电池技术作为战略支柱行业进行支持，并投入了数十亿的经费。领先的电池技术推动韩国电动车电池市场占有率不断攀升。

韩国京畿道城南市——三星 SDI。三星 SDI 与 MIT 的研究人员已经开发了一种基本电池组件的新材料。他们称，新材料能为电池提供几乎无限的存储容量。这种新材料就是固态电解质，不仅仅能延长电池使用时间，还能增加电池容量，提高安全性。液体电解质是电池起火的首要原因。目前常见的锂离子电池通常使用液体电解质。液体电解质是一种有机溶剂，是汽车、商业客机和手机过热、起火的“罪魁祸首”。使用固态电解质的电池几乎不会退化，意味着电池能使用“数十万个周期”。而有机电解液的电化学稳定性有限，这意味着，随着时间推移，它们会失去产生电荷的能力。

固态电解质以往存在的问题是，它们传输离子的速度不够快，不足以产生足够的电能。麻省理工学院和三星团队称，他们解决了这一问题。固态锂离子电池的另外一个优势是，它能在非常低的温度下正常使用。

韩国首尔——LG化学公司。LG化学公司于2015年研发出新型电动车电池组，可使电动汽车续航里程高达300英里（约合483千米），领先于目前特斯拉公司的电池技术。该新型电池组基于锂离子技术打造，电池容量在80~120kWh之间，优于特斯拉容量为85kWh的电池。近年来，韩国LG化学公司一直为多款车型提供电池技术，包括雷诺Zoe电动车，雪佛兰斯帕可、沃蓝达电动车，福特福克斯电动车以及沃尔沃V60和XC90 T8插电式混合动力汽车。

4. 德国

德国斯图加特——博世。2014年，博世收购了美国加州的新兴公司Seeo。Seeo公司有领先的电池技术，特别是新型的固态电池。在全球多个研发中心的合作下，博世宣布已开发出不含液体电解质的锂电池。这款电池不需要冷却系统，并且不像传统的锂电池存在起火风险。

博世计划将在2020年之前发售一款固态新型电动汽车电池，能使电动汽车的续航里程增加一倍，同时成本减半。据透露，博世的电动车技术目前不仅供应给了中国一些生产商，还为意大利菲亚特500e车型提供了电池、电机、电控系统。

5. 英国

英国剑桥——剑桥大学。剑桥大学科学家在近期发布至《先进功能材料》期刊的一篇论文中描述了锂硫电池的设计。这种电池的灵感来自于人类肠道黏膜。在碳电极的外表上生长了一层氧化锌纳米线，模拟了人类肠道绒毛类似结构，它可以捕捉使活性材料受损的多硫化物，从而确保材料的电化学性质，实现重复利用。不过这种电池也有自身的局限性，例如充电次数达不到锂电池的水平。不过，锂硫电池具备较高的能量密度，储能可达到传统锂离子电池的5倍。

3.1.2 中国纯电动汽车动力锂电池的创新资源地图

对锂电池研究的SCI论文进行统计，发现中国在锂电池领域的学术研究与产业技术在国际上处于先进水平。从基础研究来看，2011—2016年中国发表SCI论文4759篇，占全世界相关论文总数（9806篇）的48.532%，远高于美国（19.723%）、韩国（9.402%）和日本（7.475%），具体见表3-2。从引文数量来看，中国科研论文的引用率也大幅提升，这五年SCI引文数量56908次，约占全球引文数量总和（122833次）的46.3%，这一比例已超过同期美国（30.88%）和日本（5.75%）的引文比例。应当看到，中国SCI引文总数高的主要原因在于SCI论文数量的规模效应，若统计中国SCI论文的篇均引文，这一数据显著落后于美、德、日等国。但是，引用数量的提升至少反映出中国锂电池的研究工作受国际同行关注的程度在提高。

表3-2 2011—2016年锂电池领域核心论文数国别排序

国家和地区	锂电池领域核心论文数（篇）
中国	4759
美国	1934
韩国	922
日本	733
德国	460
印度	262
中国台湾	253
新加坡	253
澳大利亚	243
法国	213

从SCI论文研究规模来看，中国从事锂电池研究的机构数量无疑位于世界第一，绝大多数理工类重点高校均建立了与锂电池相关的研究团队，至少上百个研究团队活跃在国内外学术舞台。从研究机构层面看最近6年SCI论文发表数量，进入世界前10位的机构里中国占据9席，其中中国科学院、清华大学、中南大学过去6年发表的SCI论文数量位居世界前三名，详见表3-3。这些学校在化学学科、材料学科、能源技术学科均有独立的锂电池研究团队。相比之下，其他国家在锂电池领域的基础研究大多集中在少数几个研究机

构，技术研发分布在工业研究部门。

表 3-3　锂电池领域世界 top10 机构（按 2011—2016 年论文数量）

机构	论文数（篇）	占比（%）
中国科学院	501	5.109
清华大学	247	2.519
中南大学	240	2.447
哈尔滨工业大学	164	1.672
浙江大学	162	1.652
北京科技大学	159	1.621
中国科技大学	154	1.570
上海交通大学	153	1.560
南洋理工大学	132	1.346
复旦大学	130	1.326

中国动力电池研发及产业化聚集区域主要有四个：珠江三角洲、长江三角洲、中原地区和京津冀区域。超过 100 家动力电池企业开展动力电池及电池系统的研发及产业化工作，超过了 1000 亿元产业资金投入，形成了超过 400 亿瓦时的年生产能力，技术研发及产业化进展显著（见表 3-4）。在技术方面，动力电池单体和模块通过了 GB/T31485 安全性的要求，但电池系统的安全性有待进一步验证和提升。关键材料基本实现了国产化，单体技术水平与国外基本处于同一水平。已形成了较为完善的锂离子动力电池产业链体系，掌握了动力电池的配方设计、结构设计和制造工艺技术，生产线逐渐从半自动中试向全自动大规模制造过渡。产品均匀一致性、系统集成技术、生产自动化程度，需加紧追赶。

表 3-4　中国涉及锂电池生产的主要企业及相关产品

企业	地区	相关产品
惠州市亿能电子有限公司	广东惠州	动力电池管理系统
欣旺达电子股份有限公司	广东深圳	手机数码类锂离子电池模组、笔记本电脑类锂离子电池模组、动力类锂离子电池模组
深圳新宙邦科技股份有限公司	广东深圳	电容器化学品、锂电池化学品、半导体化学品、有机氟化学品
北京国能电池科技有限公司	北京	锂离子电池
中信国安盟固利	北京	动力锂离子二次电池
北京中润恒动动力电池有限公司	北京	锂离子电池
中能东道（北京）科技有限公司	北京	新能源磁动力纯电动车、锂离子电池
环宇赛尔新能源科技有限公司	北京 / 新乡	新型动力和储能锂离子电池
五龙电动车（集团）有限公司	浙江杭州	新能源电动汽车及其核心零部件、锂动力电池
浙江南都电源动力股份有限公司	浙江杭州	阀控密封蓄电池、锂离子电池、燃料电池及相关材料

（续表）

企业	地区	相关产品
微宏动力系统（湖州）有限公司	浙江湖州	锂离子电池、动力系统产品等
宁波杉杉股份有限公司	浙江宁波	服装、锂离子电池材料及投资三大业务板块
华霆（合肥）动力技术有限公司	安徽合肥	电池成组，电机设计以及电机驱动
安赛锂能（合肥）有限公司	安徽合肥	磷酸铁锂、锰酸锂和三元材料的锂离子电池
安徽天康新能源有限公司	安徽天长	锂离子电池、风能、太阳能
芜湖天弋能源科技有限公司	安徽芜湖	可充电锂离子电池（含动力电池、储能电池、消费产品电池）电芯
芜湖天量电池系统有限公司	安徽芜湖	新能源 EV PACK 动力电池箱、ESS 储能电池箱等相关产品
多氟多（焦作）新能源科技有限公司	河南焦作	电池及电池组、BMS 管理系统、车联网技术
河南海奥通新能源科技有限公司	河南漯河	多元素聚合物锂电池、永磁无刷直流电机以及电池管理及电控系统产品
河南锂动电源有限公司	河南新乡	动力锂离子电池
河南新太行电源有限公司	河南新乡	动力锂离子电池
哈尔滨光宇电源股份有限公司	黑龙江哈尔滨	锂离子电池
湖南科力远新能源股份有限公司	湖南长沙	先进储能材料、先进电池、汽车动力电池、油电混合动力汽车动力总成系统、电池回收系统
常州华科新能源科技有限公司	江苏常州	磷酸铁锂电池
安徽力霸动力锂电池科技有限公司	江苏滁州	固态高分子聚合物锂离子电池、钴酸锂锂离子电池、锰酸锂锂离子电池、磷酸铁锂锂离子电池、锰酸锂锂离子电池、和钛酸锂锂离子电池
江苏东源电器集团股份有限公司	江苏南通	高/压开关及成套设备、字化电器设备、网智能化设备及元器件、锂电池
中天储能科技有限公司	江苏南通	单体电池、BMS、UPS、系统集成
星恒电源股份有限公司	江苏苏州	动力锂电池
龙能科技（苏州）有限公司	江苏苏州	锂离子电池材料及相关电池产品
苏州宇量电池有限公司	江苏苏州	汽车动力锂电池
苏州高迈新能源有限公司	江苏苏州	混合动力、插电式混合动力、快（慢）充纯电动动力和增程式纯电驱动动力的四种新能源客车的成组电池及管理系统
捷星新能源科技（苏州）有限公司	江苏苏州	电池 PACK、电机电控、整车电控
苏州市正祥新能源有限公司	江苏苏州	锂电池
江苏恒迅中锂新能源科技有限公司	江苏徐州	锂电池产品
江苏国泰	江苏张家港	锂离子电池电解液
春兰集团	山东泰州	动力镍氢电池、动力锂离子电池、燃料电池，以及动力电源管理系统总成
山东威能环保电源有限公司	山东潍坊	锂离子动力电池、电动车锂离子电池及其他多种电源产品
上海航天电源技术有限责任公司	上海	电池芯，电池管理系统（BMS）、电池模块和电池组系统集成
上海安科瑞电源管理系统有限公司	上海	APHEV KIT 插电式混合动力汽车电力供应系统、AMS 锂离子电池管理模块（BMS）、ASOC 电动车电量精确估算仪、ARP 正弦波逆变器

1. 广东

广东是全球最大的锂电池生产制造基地之一，仅动力电池生产量就占据中国行业的60%。根据广东“十三五”战略性新兴产业发展重大工程的要求，新能源汽车领域要加快建设纯电动、插电式混合动力、增程式等新能源汽车整车项目与新型动力锂离子电池及管理系统项目，培育和发展特种用途电动汽车、短途纯电动汽车、燃料电池汽车以及下一代高比能动力电池。

广东惠州比亚迪。比亚迪创立于1995年，分别在香港联合交易所及深圳证券交易所上市，主要从事以二次充电电池业务、手机、电脑零部件及组装业务为主的IT产业，以及包含传统燃油汽车及新能源汽车在内的汽车产业，并利用自身技术优势积极发展包括太阳能电站、储能电站、LED及电动叉车在内的其他新能源产品。比亚迪现有员工约18万人，总占地面积近1700万平方米，在全球建立了22个生产基地。

广东深圳比克电池。比克电池（以下简称“比克”）首创于2001年，总部设在广东深圳龙岗区。现已发展成为集锂离子电池、电动汽车、电池回收三大核心业务于一体的国际领先的新能源企业。2011年比克电池占全球市场份额达到5%，位于世界第7位。

2. 天津

天津汇集了一大批优秀的锂电池及锂电池产业链企业，形成了以天津力神为龙头企业，双一力（天津）新能源有限公司、中聚电池有限公司、天津市捷威动力工业有限公司等一大批锂电池中小企业等组成的产业生态圈，近年来产值实现了较大幅度的增长。

天津力神。天津力神创立于1997年，是一家拥有自主知识产权核心技术的股份制高科技企业，专注于锂离子蓄电池的技术研发、生产和经营。现具有9亿安时锂离子电池的年生产能力，产品囊括了圆型、方型、聚合物电池、动力电池、光伏、超级电容器六大系列几百个型号，应用范围涵盖了个人电子消费产品、电动工具、交通运输和储能等领域。天津力神是迄今国内投资规模最大、技术水平最高的锂离子电池生产企业，市场份额稳居全球前五，成为中国锂电的代表性品牌。

3. 北京

北京普莱德新能源电池科技有限公司。北京普莱德新能源电池科技有限公司成立于

2009年，是一家新能源电池系统方案供应商，由北大先行科技产业有限公司（电池关键材料）、东莞新能德科技有限公司（电芯）、北京汽车工业控股有限公司（汽车）和北汽福田汽车股份有限公司（汽车）共同出资。

4. 福建

宁德时代新能源科技股份有限公司。宁德时代新能源科技股份有限公司（CATL）成立于2011年，公司总部位于福建宁德。公司致力于通过先进的电池技术，为全球绿色能源应用提供高效的能源存储解决方案。公司建立了动力和储能电池领域完整的研发、制造能力，拥有材料、电芯、电池系统、电池回收的全产业链核心技术。宁德时代新能源是国内第一家也是唯一一家给国际知名品牌车企配套的动力电池企业，因而被日韩动力电池企业视作重要的竞争对手。

5. 浙江

万向集团。万向集团创建于1969年，是中国向世界名牌进军具有国际竞争力的16家企业之一，被誉为“中国企业常青树”。万向以制造和销售汽车零部件为主业，以年均递增25.89%的速度发展。国内已形成6平方千米制造基地，与一汽、二汽、上汽、广汽等建立了稳定的合作关系，主导产品市场占有率达60%以上。

6. 安徽

合肥国轩高科动力能源有限公司。合肥国轩高科动力能源有限公司为国轩高科股份有限公司全资子公司，成立于2006年5月，主要从事新型锂离子电池及其材料研发、生产和经营，拥有核心技术知识产权。公司主要产品为磷酸铁锂材料、电芯、动力电池组、BMS系统及储能型电池组等。

7. 河南

中航锂电（洛阳）有限公司。中航锂电（洛阳）有限公司是中航工业集团公司及所属单位共同投资组建，成飞集成控股的专业从事锂离子动力电池、电池管理系统研发及生产的高科技新能源公司。其生产的锂离子动力电池，单体容量覆盖了10~500Ah，应用领域包括电动车辆、电力储能、轨道交通、矿用装备等。

3.1.3 小结

从国际区域来看，纯电动汽车动力锂电池主要的创新机构有美国的 Battery500 共同体计划成员单位，日本东京及周边区域的松下、三洋、索尼、NEC、GS 汤浅、日立、东芝、TDK、英耐时等一大批公司，韩国首尔和城南市的 LG 化学和三星 SDI，以及分布于德国斯图加特和英国剑桥的一些研究单位，通过动力电池研究，实现了充电容量显著提高、安全性能得到保障、电池尺寸减小、电池重量降低、并且更加廉价的电池组，这些研发机构领先的电池技术成为行业的标杆。

从国内区域看，中国动力电池研发及产业化主要集中在中国科学院、清华大学、中南大学等高校科研院所，以及比亚迪、天津力神、中航锂电等动力电池研发和生产企业，分布在珠江三角洲、长江三角洲、中原地区和京津冀区域。中国拥有超过 100 家动力电池企业开展动力电池及电池系统的研发及产业化工作，技术研发及产业化进展显著。已形成了较为完善的锂离子动力电池产业链体系，掌握了动力电池的配方设计、结构设计和制造工艺技术，生产线逐渐从半自动中试向全自动大规模制造过渡。

锂电池是高度核心技术密集型产业，从材料到设备制造的每一个环节都需要核心技术来支撑。国内企业从曾经的软包装的铝塑膜、隔膜、电解液直至正极材料都从日韩以及其他国家进口，发展到整个国内锂电池材料的 30% 以上由进口而来。近几年，隔膜、电解以及正极材料的国产化率迅速上升，目前已经达到了 90% 以上。但是，由于这些产品的真正核心发明还很少，国内产品在均匀一致性、系统集成技术、生产自动化程度方面，与国外仍有较大差距。

3.2 车用燃料电池

3.2.1 全球车用燃料电池创新资源地图

从全球范围来看，车用燃料电池的专利技术分布与创新资源分布情况基本吻合，创新资源主要分布在日本的爱知县丰田市、东京都、东京港区、神奈川县横滨市、静冈县滨松市、广岛县安艺郡府，韩国的首尔，美国的密歇根州底特律、密歇根州迪尔伯恩市、纽约莱瑟姆、康涅狄格州丹伯里、加利福尼亚州的森尼维尔市，德国斯图加特、沃尔夫斯堡，加拿大本拿比、密西沙加市等地区，具体分布图及其重点创新机构如表 3-5 所示。

表 3-5　全球各区域车用燃料电池的重点创新机构和主要产品

创新高地	国家	重点创新机构
爱知县丰田市	日本	丰田汽车股份有限公司 丰田株式会社 丰田自动织机公司 大发汽车有限公司
爱知县刈谷市		日本株式会社电装
东京港区		本田技研工业株式会社 本田电机股份有限公司
神奈川县横滨市		日产汽车有限公司
静冈县滨松市		铃木株式会社，雅马哈（山叶）发动机株式会社，铃木汽车公司
大阪		日本住友电气工业株式会社
纽约莱瑟姆	美国	普拉格能源（Plug Power）
密歇根州底特律市		通用汽车全球科技业务公司（GM）
		通用汽车全球技术操作公司（GM）
密歇根州迪尔伯恩市		美国福特汽车公司
康涅狄格州丹伯里		美国燃料电池能源公司（FCEL），联合技术动力公司（UTC Power）
马萨诸塞州比尔里卡市		努威拉燃料电池公司（Nuvera ）
加利福尼亚州森尼维尔市		布卢姆能源公司（Bloom Energy）
俄勒冈州希尔斯伯勒市		ClearEdge Power
加利福尼亚州费利蒙市		Oorja Protonics
慕尼黑	德国	宝马公司
斯图加特		戴姆勒股份公司（Daimler AG）
布伦塔尔市		SFC
本拿比	加拿大	巴拉德动力系统公司 (Ballard)
密西沙加市		Hydrogenics
谢菲尔德市	英国	ITM Power
莱斯特郡拉夫堡		Intelligent Energy
阿纳姆市	荷兰	Nedstack
首尔	韩国	现代汽车公司 韩国现代摩比斯汽车株式会社
		汉互助株式会社
新加坡	新加坡	Horizon 燃料电池技术公司

1. 日本

日本燃料电池汽车的研发始于 20 世纪 90 年代。当时丰田、日产、本田等汽车企业不约而同地展开了燃料电池汽车的研究开发，并将其确定为企业下一代汽车开发的战略目标，持续投入了大量的研发经费、人力和物力。经过二十多年的不懈努力，日本在燃料电池汽车技术特别是燃料电池电堆技术方面取得了较大进展，已经解决了燃料电池汽车的技术和成本难题，并已建立了包括车辆氢安全以及加氢站安全在内的燃料电池汽车相关标准法规体系，依靠民间产业的力量和学界的智慧，跨行业推动了燃料电池汽车及加氢基础设施新兴产业的成长。

爱知县丰田市：丰田汽车股份有限公司。丰田汽车股份有限公司是一家总部设在日本爱知县丰田市和东京都文京区的汽车工业制造公司，前身为日本大井公司，隶属于日本三井产业财阀。丰田是世界十大汽车工业公司之一，日本最大的汽车公司，创立于 1933 年。丰田汽车隶属于丰田财团。丰田财团旗下拥有 5 家世界 500 强企业，分别是丰田汽车、丰田自动织机、丰田通商、爱信精机、日本电装。十几家财团一级企业均是世界知名企业，产业链覆盖汽车产业从上游原料到下游物流的所有环节。不仅如此，丰田还立足于汽车产业的未来，不断在环保和新能源领域投资，成为环保汽车的领军者。2015 年 12 月，丰田面向日本市场推出了首款氢燃料电池车 MIRAI（未来）。现在这款车的注册资料已经出现在了中国国家知识产权局，预示着 MIRAI 今后有望引入国内销售。据丰田官方数据显示，MIRAI 续航里程达到 650 千米，远远超过目前国内纯电动车市场中续航里程最长的特斯拉 Model S，且氢燃料的加注时间仅为 3 分钟。

东京港区：本田汽车集团。本田汽车集团是一个跨国汽车、摩托车生产销售集团，汽车产量和规模也名列世界十大汽车厂家之列，1948 年创立，公司总部在日本东京，雇员总数达 18 万人。本田的产品除汽车、摩托车外，还有发电机、农机等动力机械产品。本田计划在 2020 年大批量投产氢燃料电池车。本田在 2015 年 3 月日内瓦国际车展发布的 FCV 氢燃料电池概念车已经接近量产。

神奈川县横滨市：日产汽车有限公司。日产汽车有限公司是日本的一家汽车制造商，由鲇川义介于1933年在神奈川县横滨市成立，在20个国家和地区（包括日本）设有汽车制造基地，并在全球160多个国家和地区提供产品和服务。公司经营范围包括汽车产品和船舶设备的制造、销售和相关业务。日产公司将燃料电池汽车作为其长期发展的车型之一，2016年8月，日产在巴西公布了旗下全新燃料电池车的原型。日产全新燃料电池车将成为全球范围内首款固态氧化物燃料电池车，新车将以e-NV200为设计蓝本，并且利用纯生物乙醇发电，最大续航里程可超过600千米。

东京港区：三菱汽车。三菱汽车是日本的一家跨国汽车制造商，在1970年从三菱重工业的自动车制造部门独立。从产量上来看，在2009年是第五大日本汽车制造者，全球排名第十五大汽车制造者，生产私家车及轻型商用车辆，隶属于三菱集团。2009年三菱纯电动车“i-MiEV”量产，插电式混合动力的“欧蓝德PHEV”于2013年投放市场，截至2015年3月底，三菱纯电动和插电式混合动力车型的累计销量超过了10万辆。目前三菱电动汽车（EV/PHEV）的主要市场是欧洲，尤其是2013年、2014年欧洲市场销售情况非常好。

静冈县滨松市：铃木。铃木是一家日本汽车制造企业，成立于1920年，1952年开始生产摩托车，1955年开始生产汽车，以生产微型汽车为主。2012年11月5日，铃木公司宣布退出美国汽车销售市场，将集中于摩托车销售业务。2014年，铃木与英国Intelligent Energy合作开发第四代燃料电池，可以搭载在摩托车或小型汽车上。目前，铃木公司已向日本国土交通省提交了全球首台燃料电池摩托车的安全基准制定计划，并得到了日本国土交通省的认可，于2016年1月开始进行了全球首次燃料电池摩托车的公路行驶试验。

2. 美国

美国政府将氢能和燃料电池确定为维系经济繁荣和国家安全的、至关重要的、必须发展的技术之一。目前，涉及氢能和燃料电池发展的两大核心部门分别是能源部和国防部。能源部支持的燃料电池研究包括两个项目：一是“氢能、燃料电池和基础设施技术项目”，为大量相对独立的研究活动提供帮助；开发高效、低成本的燃料电池技术，同时建立高效、低成本的氢能输送基础设施网络。二是“自由汽车和汽车技术项目”，主要将资金集中支持涉及轻型汽车、燃料电池以及相关基础设施等方面的一些基础性的、具有风险的研究项目，包括汽企混合型燃料电池汽车（FCV）的研发、燃料电池补给站网络的建设，以及动力传动系统的研发等。国防部的研究则主要集中于氢能和燃料电池在军事方面的应用，研究的重点是PEM和SOFC。其核心项目包括“高级电力和能源项目（APEP）”“热电电力生产”等。

密歇根州底特律市：通用汽车公司。通用汽车公司在全球生产和销售包括雪佛兰、别克、GMC、凯迪拉克、宝骏、霍顿、欧宝、沃克斯豪尔以及五菱等一系列品牌车型并提供服务。2014年，通用汽车旗下多个品牌全系列车型畅销于全球120多个国家和地区，包括电动车、微车、重型全尺寸卡车、紧凑型车及敞篷车。通用汽车公司为美国陆军开发的氢燃料电池动力军用卡车样车在美国陆军协会秋季会议上亮相。这辆样车具有低噪声、能制水、可输出电力、越野性能优越等特点。

密歇根州迪尔伯恩市：福特汽车公司。福特是世界著名的汽车品牌，是世界上最大的汽车生产商之一，成立于1903年，旗下拥有福特（Ford）和林肯（Lincoln）汽车品牌。目前，福特公司正聚焦于可替换能源的研究，以实现到2020年燃料电池降低成本并提高耐用性的目标。2016年，美国能源部向福特汽车公司和位于新墨西哥州的洛斯阿拉莫斯国家实验室资助600万美元以促进汽车燃料电池和氢能源技术的研究。福特公司将利用这笔资金研发出一套燃料电池催化剂的生产流程，该流程投入实际应用后可生产低成本、高纯度、更加活跃和耐用的燃料电池催化剂。

纽约州：美国普拉格能源公司（Plug Power）。美国普拉格能源公司成立于1997年，总部位于美国纽约莱瑟姆，是一家替代能源科技公司，在全球范围内从事氢燃料电池系统的设计、开发、制造和商业化应用。2014年普拉格能源公司宣布将大力发展氢燃料电池，为部分美国联邦快递卡车研发氢燃料电池。

康涅狄格州：美国燃料电池能源公司（FCEL）。美国燃料电池能源公司是一家为全球范围内超过50家企业提供超清洁能源、高效、可信赖的燃料电池开发商及电厂运营商。该公司获得由美国能源部授予的280万美元补贴，所生产的超清洁能源产品成本优势明显并具有较高的能源利用率。公司与韩国的浦项制铁电力公司（Posco Power）、美国的Enbridge和日本的Marubeni公司都达成了生产和分销协议。

康涅狄格州：联合技术动力公司（UTC Power）。联合技术动力公司成立于1958年，主要是开发和制造公共汽车、汽车、航天和船舶用的燃料电池系统。自20世纪90年代初，美国的教育设施、医院、工厂、办公楼、超市等地方，已经安装了超过300台联合技术动力公司的固定式燃料电池发电站，120台PureMotion燃料电池系统已经被用于康涅狄格州、加利福尼亚州和欧洲的公交车上。

马萨诸塞州比尔里卡市：努威拉燃料电池公司（Nuvera）。努威拉燃料电池公司是一家成立于2000年的燃料电池技术和产品开发公司，专注于分布式制氢系统和燃料电池动力系统的商业化。努威拉燃料电池公司（美国）通过了ISO9001：2008认证。努威拉燃料电池公司在制造、测试和部署燃料处理器和质子交换膜燃料电池堆等方面，拥有广泛的知识产权，包括35个专利族，并正在申请额外的96项专利。

俄勒冈州希尔斯伯勒市：ClearEdge Power。ClearEdge Power是一家高效燃料电池制造商，被称为是俄勒冈州燃料电池旗舰公司，主要生产家用燃料电池发电机。公司主要将丙烷或天然气转化为氢气，然后变成电力和热。ClearEdge Power在商用、公用和民用的智能清洁现场供能系统方面处于领先地位。该公司设计、制造和销售的ClearEdge5系统已经被证明能清洁地将天然气转化为电能，能够提供很好的节能和经济性，同时也能减小对全球环境的压力。目前，该公司在美国南加州、北加州、华盛顿都成立了分公司。

加利福尼亚州森尼韦尔市：布卢姆能源公司（Bloom Energy）。布卢姆能源公司成立于2001年，是全球领先的固体氧化物燃料电池（SOFC）制造商。2006年，布卢姆能源公司为田纳西大学推出第一款5千瓦试验性燃料电池系统。2008年7月，布卢姆能源公司为谷歌公司制造了第一个商业化的100千瓦固体氧化物燃料电池发电站。自此，布卢姆能源公司的客户群体不断扩大，包括Adobe、AT&T、美国银行、加州理工学院、可口可乐、考克斯企业（Cox Enterprises）、易趣、联邦快递、谷歌、凯撒医疗集团（Kaiser Permanente）、西夫韦（Safeway）、史泰博（Staples）及沃尔玛超市等。布卢姆能源公司的报告指出，其能源服务器已经为客户提供了超过 100 万千瓦时清洁、可靠的电力。

加利福尼亚州的费利蒙市：Oorja Protonics。Oorja Protonics 成立于 2005 年，主要生产物料搬运设备用直接甲醇燃料电池（DMFC）系统。Oorja Protonics 生产的 Oorja Pac 燃料电池产品主要是作为物料搬运设备的车载充电器。Oorja Pac 燃料电池产品的显著特征是配有板载传感器，这可以保持车辆电池在一个恒定的充电状态，减少了车辆对更换电池和快速充电的需要。Oorja Protonics 还提供 OorjaPac™ 产品。该产品是一种加油系统，可以存储并向 Oorja Pac 板载充电系统提供甲醇燃料。设计 Oorja Pac 板载充电系统的目的是为了在商业和工业环境中可以室内使用。目前，Oorja Protonics 的客户包括加利福尼亚州食品公司（Golden State Foods）、Martin-Brower、日产汽车、Super Store Industries、Unified Grocers 和 U.S.Foodservice 等。

3. 德国

近年以日本厂家为中坚，世界主要汽车厂商的燃料电池汽车产业联盟已经建立，欧美主要汽车厂家的技术路线逐步与日本趋同。比如德国的宝马与丰田、戴姆勒与日产的技术路线非常接近。

慕尼黑市：宝马。宝马公司创建于 1916 年，是闻名世界的豪华汽车品牌。宝马一方面研发插电式混动版车型，另一方面借助丰田的力量研发氢燃料电池动力系统。2015 年宝马展示了 i8 和 5 系 GT 车型的氢燃料电池原型车，目前正在研发的燃料电池动力零件或将会应用在 2020 年投产的车辆中。

斯图加特市：戴姆勒。戴姆勒股份公司是全球最大的商用车制造商，全球第二大豪华车生产商、第二大卡车生产商。公司旗下包括梅赛德斯 - 奔驰汽车、梅赛德斯 - 奔驰轻型商用车、戴姆勒载重车和戴姆勒金融服务四大业务单元。戴姆勒公司宣布将在今后 2 年向电动汽车开发和生产等环境技术领域投入 70 亿欧元以上。2017 年推出能以外部电源充电的该公司首款量产型燃料电池车，扩大纯电动汽车（EV）的产品群。戴姆勒的燃料电池车将以“梅赛德斯 - 奔驰”品牌的 SUV“GLC”为基础，将搭配自行生产的车载电池。目前戴姆勒为获得成本方面的优势，还与日产汽车和美国福特汽车开展合作。

布伦塔尔市：SFC。SFC是一家能源公司，成立于2000年，主要是制造面向休闲、工业和国防市场的移动和离网发电应用的直接甲醇燃料电池（DMFC）。SFC的燃料电池产品主要的应用市场包括：消费类应用，如移动家庭，游艇和度假小木屋等；工业和专业离网和并网型电源，如交通监控系统、观测站、计量和预警设备、电动汽车等；国防和安全应用，如实地充电器（Field Chargers），车载型、便携式和隐蔽式电源解决方案等。截至目前，SFC已向工业和私人终端用户售出超过2.7万台商业化燃料电池产品。此外，SFC也开发、生产供电管理组件，如转换器和开关式电源等。

4. 韩国

首尔：现代汽车公司。现代汽车公司是韩国最大的汽车企业，世界20家最大汽车公司之一。现代汽车年产量100万辆，主要产品有小马牌、超小马牌、斯拉塔牌小客车及载货车。目前现代汽车公司已发展成为现代集团，其经营范围由汽车扩展到建筑、造船和机械等领域。自从2013年投产以来，现代的途胜FCV版本销售及租赁的数量总计为273辆，远低于其1000辆的目标。不过现代也并未放弃混合动力汽车及纯电动车，未来四年该公司计划在环境友好型汽车技术中投资11.3万亿韩元，所研发的技术包括混动车、纯电动车以及氢燃料电池车。

5. 加拿大

本拿比：巴拉德动力系统公司（Ballard）。巴拉德动力系统公司成立于1979年，该公司的主要业务是燃料电池产品（包括燃料电池堆和系统）的设计、开发、制造及服务，专注于商用级市场（电信备用电源、物料搬运设备等）和开发阶段市场（如公交车和分布式发电），并且还提供各类燃料电池应用的工程服务。迄今巴拉德动力系统公司氢燃料电池的出货量已经近150兆瓦。巴拉德动力系统公司与普拉格力公司（Plug Power）有着长久的合作关系。普拉格力公司所有的GenDriveTM燃料电池系统系列产品全部采用巴拉德动力系统公司的燃料电池堆。

密西沙加市：Hydrogenics。Hydrogenics成立于1988年，在1995年才开始燃料电池技术开发业务。Hydrogenics是一家全球领先的制氢和以氢为基础的燃料电池电力模块开发商和制造商。Hydrogenics 的燃料电池产品主要是质子交换膜（PEM）燃料电池。该公司的产品包括一系列应用，包括用于工业过程和加氢站的制氢装置；氢燃料电池电动汽车，如城市公交车、商业船队、多功能车，以及电动叉车；独立发电厂和不间断电源供给（UPS）系统的燃料电池装置；氢存储及在间歇和峰值时期优化太阳能和风能系统的燃料电池电力系统。

6. 英国

谢菲尔德市：ITM Power。ITM Power 基于电解水技术，专注于设计和制造用于能量储存和清洁燃料生产的氢气能源系统。ITM Power 技术和产品的部署主要集中在现有市场和新兴市场，提供从加氢站到电网规模储能的电力——气体解决方案等不同类型的服务。ITM Power 主要的研发目标是把可再生能源转换为清洁燃料，并将能量以氢气的形式储存下来，再进一步用于无碳排放交通运输系统。2015 年 4 月，ITM Power 宣布将在汉诺威氢能和燃料电池展上发布一系列升级产品。通过提高电流密度可以在相同的电堆体积下多生产 50% 的氢气。该公司还将推出新的 350 千瓦单电堆和 1 兆瓦的三电堆系统。

莱斯特郡拉夫堡：Intelligent Energy。Intelligent Energy 成立于 2001 年，先后收购了拉夫堡大学的分拆公司 APS、总部位于美国的 Element One Enterprises（2003 年）和 MesoFuel（2004 年）。Intelligent Energy 专注于汽车、固定电源和消费电子市场。Intelligent Energy 与日本铃木汽车公司携手开发了“伯格曼燃料电池摩托车”，这是第一款得到欧洲整车型认证的燃料电池电动汽车。此外，Intelligent Energy 还为波音公司世界上第一架载人燃料电池飞机提供燃料电池动力。如今，Intelligent Energy 已经拥有超过 23 年的研发经验和 440 项专利（已经授予的专利和待批的专利）。

7. 荷兰

阿纳姆市：荷兰氢电公司（Nedstack）。荷兰氢电公司是一家质子交换膜燃料电池堆供应商，成立于 1998 年。公司还建设了质子交换膜电厂，利用氯碱厂生产的氢气，以生产电力和热能。荷兰氢电公司起源于荷兰的阿克苏诺贝尔研究中心，该研究中心于 1997 年开始质子交换膜燃料电池的开发。目前，世界各地有超过 1000 台该公司的燃料电池系统在商业运营，主要是在备用电源应用方面。

8. 新加坡

新加坡市：Horizon Fuel Cell Technologies。Horizon 是一家燃料电池技术公司成立于2003 年，目前拥有 5 家国际子公司，包括在美国的 1 家新子公司。Horizon 是燃料电池系统输出功率在 1 千瓦以下的，世界上最大的微型燃料电池制造商和最大的质子交换膜燃料电池制造商。Horizon 的技术平台包括燃料电池及其材料，氢气供应和氢气存储。Horizon 生产紧凑、重量轻、具有不同性能水平的质子交换膜燃料电池，同时还向各种应用提供储氢和现场制氢的解决方案。

3.2.2 中国车用燃料电池创新资源地图

对我国各省份的车用燃料电池创新资源进行调研后发现，我国车用燃料电池创新资源主要分布在上海、北京、辽宁、吉林、江苏、浙江、湖北、广东这几个地区，具体如图 3–1 所示。

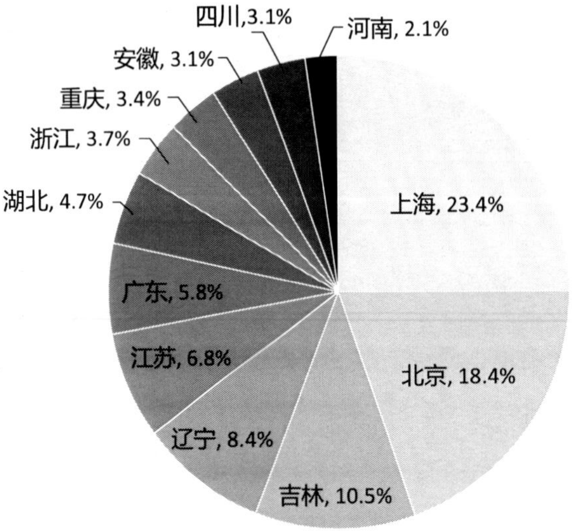

图 3–1 中国各省份车用燃料电池专利的分布情况

从机构上看，车用燃料电池资源最集聚的前 20 个机构主要分布如图 3–2 所示，其中排名前十的分别是中国科学院大连化学物理研究所、哈尔滨工业大学、上海神力科技有限公司、武汉理工大学、新源动力股份有限公司、清华大学、上海交通大学、中国科学院长春应用化学研究所、南通大学、比亚迪股份有限公司。

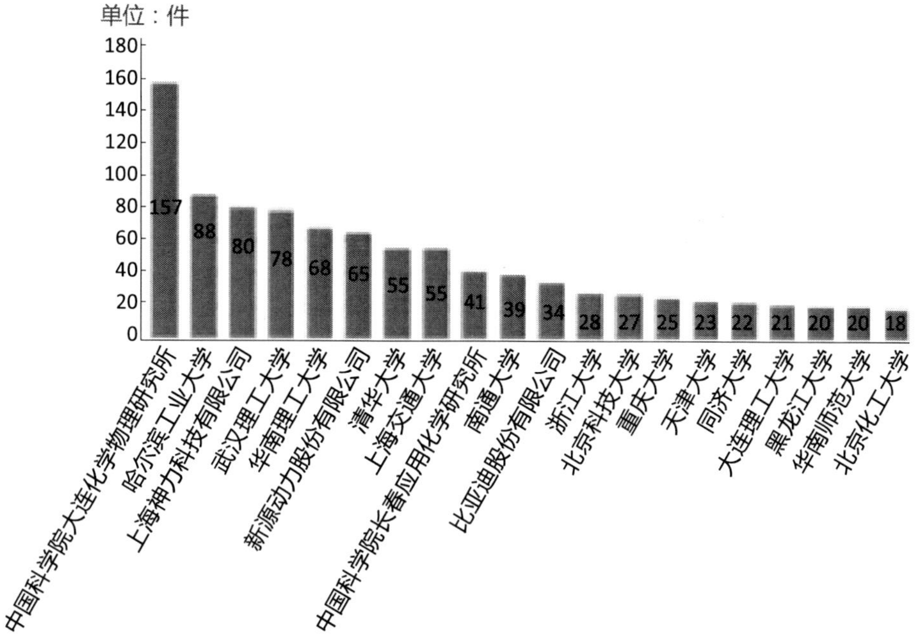

图 3-2 中国车用燃料电池创新资源所在机构（前 20 名）

从上市公司角度看，目前二级市场流通的股票中，涉及到燃料电池标的的股票和其对应的燃料电池相关部件分列如表 3-6 所示。

表 3-6 中国涉及车用燃料电池标的的上市公司

燃料电池企业	对应上市公司	燃料电池相关产品
富瑞特装	富瑞特装	储氢材料和储氢装备
OPCON	雪人股份	空气循环系统，空气压缩机
汉钟精机	汉钟精机	空气压缩机
德威互兴氢能	德威新材	氢能源燃料
中科同力化工材料	同济科技	质子交换膜
大连新源动力	上汽集团持股 30% 以上	质子交换膜燃料电池发动机系统关键材料、关键部件、整堆系统
	南都电源持股 8.99%	
	长城电工持股 8.11%	
	新大洲持股 3.42%	
上海神力科技	江苏阳光	燃料电池及组件
	复兴医药	
上海神力科技业务部门	三环集团	燃料电池隔膜板
安泰科技	安泰科技	双极版
贵研铂业	贵研铂业	铂催化剂
中材科技	中材科技	储氢罐
氢阳能源	富瑞特装	储氢罐

（续表）

燃料电池企业	对应上市公司	燃料电池相关产品
东岳集团	东岳集团	质子交换膜
京城股份	京城股份	储氢罐
上汽集团	上汽集团	燃料电池汽车
宇通客车	宇通客车	燃料电池汽车
福田汽车	福田汽车	燃料电池汽车

1. 上海市

上海力争建设成为具有全球影响力的科技创新中心，目前依托上海市大学和科研院所集聚的优势，对燃料电池进行基础研发和商业化发展前瞻。同时，神力科技、上海燃料电池汽车动力系统有限公司等在燃料电池专利布局、下游应用示范等方面也已经有了一定的基础。

上海神力科技有限公司。上海神力科技有限公司是国家科技部重点培育、上海市各级政府重点支持的民营新能源高科技企业。神力科技经过十多年自主创新研发的高/低温燃料电池技术已具有世界先进水平，拥有完全自主知识产权。2008 年起，神力科技开始全钒液流储能技术研发，通过技术合作和自主创新，采用完全不同的技术路线，研发出了强度高、透水性好、稳定可靠、低成本的可完全国产化的高性能离子膜。截至 2010 年 12 月 31 日，上海神力科技有限公司已申请国内外燃料电池技术相关专利 347 项，其中发明专利 176 项；累计获得专利授权 304 项，其中发明专利 126 项，包括美国专利 4 项。

上海燃料电池汽车动力系统有限公司。公司是应国家“863 计划电动汽车重大专项”提出的实现电动汽车重大专项产品化和产业化目标而诞生，是以开发电动汽车为核心业务，集生产制造、技术服务和市场营销为一体的高科技企业。公司成立于 2001 年，由上海汽车工业（集团）总公司、上海同济企业管理中心、上海科技投资公司、上海工业投资（集团）公司、信息产业部电子第二十一所及自然人共同出资建成。在从事燃料电池汽车技术研究和开发中，造就了一支经受了实践锻炼的高科技研发队伍，建立起了较完备的开发平台和测试环境。公司下设整车集成与设计、整车总布置与设计、整车试制、动力系统与控制、车载电源、试验、仿真、试验运营、氢能源与设施等技术研发科室。公司的研究、试制、试验基地拥有燃料电池汽车动力系统试验室、氢能源与设施试验室、整车试验测试实验室等。

上海交通大学燃料电池研究所。上海交通大学燃料电池研究所（以下简称“燃料电池研究所”）成立于 1998 年，是国内首个在高校成立的专业燃料电池研究机构，曹广益教授担任首任所长。2001 年，在上海交通大学、上海市科学技术委员会、上海电气集团公司的支持下，燃料电池研究所在国内率先完成了 1 千瓦（kW）熔融碳酸盐燃料电池（MCFC）发电系统试验。之后，陆续开展了质子交换膜燃料电池（PEMFC）、固体氧化物燃料电池（SOFC）、再生燃料电池（RFC）、储能电池相关电催化机理、关键材料、电池部件和系统等方面的基础和应用研究。研究项目主要来自科技部（“863”计划、科技部国际合作计划）、国家自然科学基金委员会、上海市科学技术委员会（浦江人才计划、国际合作项目）、欧盟框架计划、集团企业等。

同济大学新能源汽车工程中心。同济大学新能源汽车工程中心（以下简称“中心”）成立于 2000 年，中心也是科技部国家燃料电池及动力系统工程技术研究中心、发改委新能源汽车及动力系统国家工程实验室、新能源汽车教育部工程研究中心、国家级国际联合研究中心、中德电动汽车联合研究中心、上海电动汽车工程技术研究中心、新能源汽车产业上海市技术创新服务平台、中国燃料电池汽车技术创新战略联盟秘书长单位。受科技部委托，中心同时承担了国际氢能经济和燃料电池伙伴计划联络办公室的工作。中心下设动力平台集成、电子信息、电驱动、燃料电池系统和新能源 / 新材料五个专业研发部门。试验 / 试制基地拥有众多国内外先进的、门类齐全的设备和仪器，服务于上述五个部门的研发工作。

中国科学院上海硅酸盐研究所。中国科学院上海硅酸盐研究所主要研究领域涵盖了人工晶体、高性能结构与功能陶瓷、特种玻璃、无机涂层、生物环境材料、能源材料、复合材料及先进无机材料性能检测与表征等。该所燃料电池材料与系统研究课题组成功研制出 5 千瓦（kW）固体氧化物燃料电池（SOFC）系统，并实现演示运行，标志着我国 SOFC

技术朝商业化应用又迈出了一大步。

上海舜华新能源系统有限公司。公司成立于2004年，是由上海燃料电池汽车动力系统有限公司和上海航天能源股份有限公司等股东投资建立的，从事氢能和分布式能源技术研发和推广的高新技术企业。公司的主营业务包括供氢系统及加氢设备研发销售、加氢站设计与工程技术服务、分布式能源动力装置的研发和系统集成等。

2. 辽宁大连市

中国科学院大连化学物理研究所是国内较早从事燃料电池发动机及其零部件的研究与开发的机构，新源动力又是中国第一家致力于燃料电池产业化的股份制企业。大连在发展车用燃料电池方面拥有较好的基础。

中国科学院大连化学物理研究所。中国科学院大连化学物理研究所成立于1949年3月。1998年，研究所成为中国科学院知识创新工程首批试点单位之一。2007年经国家批准筹建洁净能源国家实验室。中国科学院大连化学物理研究所直接醇类燃料电池研究组（DNL0305组）孙公权研究团队通过燃料电池及相关领域的关键材料、核心部件、系统集成、过程监控等工程与工程基础研究，重点开发能量密度高、使用寿命长、环境友好的新型电动车辆、分散电站、移动电源等技术。近年来，孙公权研究团队在质子交换膜燃料电池有序纳米结构电极研究方面取得新进展：首次模拟酶催化剂的微观结构，在纳米尺度构建了具有高效稳定三相反应界面的燃料电池氧还原电极，质子交换膜燃料电池质量活性超过美国能源部2015年指标，电极稳定性处于国际领先水平。近年来，该研究团队在燃料电池介微观尺度有序结构膜电极研究方面取得了系列研究进展，该工作得到了“973”项目等经费的支持。

新源动力股份有限公司。新能源动力股份有限公司（以下简称“新源动力”）成立于2001年4月，由中国科学院大连化学物理研究所、兰州长城电工股份有限公司等单位发起设立，是中国第一家致力于燃料电池产业化的股份制企业，集燃料电池科研开发、成果转化、系统集成、标准制定、人才培养、产业化实践于一体。新源动力自成立以来，即承担国家科技部“863计划”重大专项——车用燃料电池发动机研制课题，完成的各项技术指标国内领先，部分关键技术已达到国际一流水平，并以此为基础在燃料电池发动机技术领域取得了多项创新成果。新源动力拥有自主知识产权专利技术，涵盖了质子交换膜燃料电池发动机系统关键材料、关键部件、整堆系统各个层面，取得了多项科技创新成果。现拥有自主知识产权专利技术近400件，其中发明专利250余件，包括国际专利10余件。作为高新技术企业，新源动力已先后被认定为大连市知识产权试点单位、辽宁省知识产权“兴业强企”试点单位，2010年被认定为国家级知识产权试点单位，2013年被认定为首批国家级知识产权优势企业。2016年，由大连新源动力股份有限公司承担的一项国家重点研发计划，获得科技部、财政部1.26亿元专项资金支持，这也是2016年国家“新能源汽车”重点专项最大一笔扶持资金。

大连理工大学。大连理工大学是教育部直属的全国重点大学，中国著名的“四大工学院”之一，国家“211工程”“985工程”“卓越工程师教育培养计划”“国家大学生创新性实验计划”和“111计划”重点建设的大学，“卓越大学联盟”“中俄工科大学联盟”“中俄交通大学联盟”“中欧工程教育平台”主要成员。大连理工大学科学技术研究院开发了350℃下运行的无机固体物为质子传导材料的燃料电池。

3. 北京市

北京福田汽车有限公司：北京福田汽车有限公司（以下简称“福田汽车”）是一家跨地区、跨行业、跨所有制的国有控股上市公司，以北京为管理中心，在京、津、鲁、冀、湘、鄂、辽、粤、新等9个省市自治区拥有整车和零部件事业部，研发分支机构分布在中国大陆、日本、德国、中国台湾等国家和地区的大型企业集团。2006年福田汽车与清华大学、北京亿华通科技股份有限公司开始联合研发氢燃料电动客车，这是国家“863计划”节能与新能源汽车重点项目之一。三方合作模式是清华大学与亿华通共同研发氢燃料电池系统和车载供氢系统，福田汽车提供整车制造技术，2008—2009年，福田与亿华通开发的3辆氢燃料电池电动客车完成了2008北京奥运会服务用车任务和为期1年的示范运行。

清华大学。清华大学是中华人民共和国教育部直属的全国重点大学，位列“211工程”“985工程”，入选“珠峰计划”“2011计划”“111计划”“卓越工程师教育培养计划”“卓越法律人才教育培养计划”“卓越医生教育培养计划”，为九校联盟、东亚研究型大学协会、环太平洋大学联盟、清华大学—剑桥大学—麻省理工学院低碳能源大学联盟成员。清华大学对燃料电池车的研究从1999年就已经开始。当时，清华大学曾安装了一个5千瓦的电池堆在一个小平台车上。2001年，清华大学用15kW电池堆装配了一辆中巴车。2001年，国家科技部立项开展燃料电池客车和燃料电池轿车计划，清华大学被确定为燃料电池客车的牵头单位，同济大学负责牵头做燃料电池轿车。2014年8月，苏州金龙与清华大学共同研制的第四代燃料电池客车，作为我国首台出口的新能源汽车，成功服务在新加坡举行的世界青年奥林匹克运动会。目前清华大学在双极板批量制造技术、燃料电池寿命评价技术、动态闭环调控技术防止燃料电池水淹和同步检测燃料电池堆多片膜电极的多参数等方面开展了深入研究。

北京科技大学。北京科技大学是中华人民共和国教育部直属的一所以工科为主，工学、理学、管理学、文学、经济学、法学等多学科协调发展的全国重点大学，是国家“211工程”“985工程优势学科创新平台”重点建设院校，入选“2011计划”“卓越工程师教育培养计划”“高等学校学科创新引智计划（111计划）”“国家建设高水平大学公派研究生项目”，是北京高科大学联盟成员，设有研究生院。北京科技大学于20世纪90年代初在国家自然科学基金会的资助下开展了MCFC的研究，主要研究电极材料与电解质的相互作用，提出了用金属间化合物作电极材料以降低它的溶解。

4. 天津市

天津大学。天津大学是1959年中共中央首批确定的16所国家重点大学之一，国家教育部、天津市、国家海洋局共建高校，位列“211工程”“985工程”“2011计划”“111计划”“卓越工程师教育培养计划”首批重点建设大学，“卓越大学联盟”成员高校，“中欧工程教育平台”“中俄工科大学联盟”合作高校，中国著名的“建筑老八校”之一。天津大学和中国科学院大连化学物理研究所共同进行“973”项目“基于贵金属替代的新型动力燃料电池关键技术和理论基础研究”，各个课题分别从燃料电池催化剂、电解质膜、膜电极、电池组装及一致性研究以及电池系统设计等国际前沿研究热点出发，从材料、化工、机械、控制等多个不同学科领域进行了立体式的交叉讨论与衔接，促进了多学科的交流互动。2015 年，天津大学化工学院 2013 级博士生何光伟在国际顶级学术期刊《先进材料》和《先进功能材料》上连续发表了以“氢燃料电池用离子交换膜的传递过程强化”为主题的两篇论文，在世界范围内首次提出了一种构建氢燃料电池“质子通道”的新概念，可将其“能量传递速率”提升 2 倍，有望大幅提升电池性能并降低其成本，从而促进这一“零污染”绿色能源的推广。

5. 黑龙江哈尔滨市

哈尔滨工业大学。哈尔滨工业大学是国家首批“211 工程”“985 工程”重点建设院校，“九校联盟（C9）”、中国大学校长联谊会、“卓越大学联盟”“中俄工科大学联盟”“中国—西班牙大学联盟”主要成员，国家首批“111 计划”“2011 计划”“千人计划”“卓越计划”入选高校，由工业和信息化部、教育部、黑龙江省人民政府三方重点共建。2010年，由孙克宁教授科研团队完成的“中温固体氧化物燃料电池的集成研发”项目在燃料电池研究方面获得重大突破，该项目独立开发的“流延共烧结技术”实现了我国在固体氧化物燃料电池大面积电池基片制备核心技术方面的突破，单体电池的功率及功率密度等方面技术达到国际先进水平。

6. 吉林长春市

中国科学院长春应用化学研究所。中国科学院长春应用化学研究所聚焦资源与环境、先进材料和新能源三大领域；开发稀土、二氧化碳、植物、水四类资源；发展先进结构、先进复合、先进功能三类材料；开拓清洁能源、储能、节能三类技术。2013 年，在国家自然科学基金委、科技部和中科院等大力支持下，中国科学院长春应用化学研究所徐维林研究员与邢巍研究员带领的科研团队采用普通廉价碳黑制备了一系列高效氧还原催化剂，研究成果发表在 ACS catalysis 上。2016 年，中国科学院长春应用化学研究所牵头的“863 计划”主题项目“先进燃料电池发电技术”及课题“高性能移动式直接甲醇燃料电池长时发电系统”通过验收。

中国第一汽车集团公司。中国第一汽车集团公司（简称“中国一汽”或“一汽”），英文品牌标志为 FAW，FAW 就是第一汽车制造厂的英文缩写。一汽总部位于长春市，前身是第一汽车制造厂。2016 年 6 月 8 日，中国第一汽车集团公司技术中心、一汽解放青岛汽车有限公司和新源动力股份有限公司达成合作协议，三方强强联手，合作开发 J6F 燃料电池物流车，并计划在 2016—2017 年完成 100 台以上燃料电池物流车的推广应用，实现燃料电池技术产品从示范运行向商业化应用的跨越。通过前期研发合作和这次战略性合作，一汽集团将在新能源汽车领域实现转型发展，在燃料电池汽车领域开拓一片新天地。

7. 广东

比亚迪股份有限公司。比亚迪股份有限公司创立于 1995 年，是一家汽车制造企业，主要生产商务轿车和家用轿车。公司加大了对汽车电子方面的技术储备，在动力电池的选择上仍然中意于锂电池，不看好氢燃料电池，但是凭借着汽车制造的总体实力，比亚迪公司对燃料电池在技术上依然有所布局。

广东合即得能源科技有限公司。广东合即得能源科技有限公司（以下简称“合即得”）成立于 2013 年 7 月，位于有“小香港”之称的樟木头，是中国水化集团的核心创新企业之一。合即得以资源可持续发展理念为宗旨，以“水基能源向华理论”为核心，致力于氢能转化技术及水基能源应用技术的创新、研发和产业化。目前公司拥有制氢相关国家专利 159 项，其中发明专利达 99 项，可应用于新能源汽车上的专利 46 项，成功攻克了移动制氢的难题。公司陆续研发并生产了 HMRI 系列高纯动氢机、HMRIE 系列水氢发电机等世界技术领先、国内首创的氢能应用产品。产品可广泛应用于通信基站、科研、医院、高档住宅区等各个领域。此外，公司以乘用车使用条件为设计目标，采用了数字化设计分析技术、小功率组合原理提高甲醇水蒸气重整制氢设备的效率与可靠性，将甲醇转化成氢气再供给燃料电池，完美解决质子交换膜燃料电池（PEMFC）中燃料供给的问题。陆续研发并生产了体积小、智能化、重量轻的 5kW 模块、10kW 模块等世界技术领先、国内独创的水氢燃料电池系统，其具有体积小、性能高、价格廉、纯度高、排放无污染、性能稳定、持续运行时间长等特点。

华南理工大学。华南理工大学位于广州市，创建于 1934 年，是历史悠久、享有盛誉的中国著名高等学府。研究新型替代铂的非贵金属催化剂作为燃料电池的阴极催化剂，已成为近年来燃料电池领域最为重要的研究课题。早在 2010 年 2 月，由华南理工大学设计和建造的、全球最大的质子交换膜燃料电池示范电站落户广州大学城，在国家自然科学基金、广东省自然科学基金和学校的大力支持下，该课题组近年来在燃料电池的研究及开发方面不断取得重要成果和突破。

8. 浙江

浙江大学城市学院。浙江大学城市学院（简称“浙大城院”），坐落于有“人间天堂”之称的历史文化名城杭州，由中华人民共和国教育部和浙江省人民政府批准设立，是浙江大学、杭州市人民政府与浙江省电信实业集团共同发起创办的民办独立学院。浙江大学城市学院研发的燃料电池游览车相关技术获得国家专利，下一步将把燃料电池项目往产业化方向发展。目前，浙江大学城市学院与“飞神”签约合作燃料电池项目。

9. 武汉

武汉理工大学。武汉理工大学（简称“武理工”），位于武汉市，是中华人民共和国教育部直属的理工类全国重点大学。材料复合新技术国家重点实验室 1987 年由当时国家计划委员会批准，建于武汉理工大学，1990 年 3 月通过国家验收对外开放。实验室属于新材料领域，主管部门为国家科技部，现任实验室学术委员会主任为中科院院士王占国，实验室主任为张清杰教授。武汉理工大学研发的氢燃料电池“心脏”——膜电极达到国际先进水平，目前主要销往国外。

武汉理工新能源有限公司。依托武汉理工大学成立的武汉理工新能源有限公司，已经成长为全球第六大燃料电池膜电极生产企业。截至 2014 年，公司膜电极出口累计达 30 多万片，是我国最大的燃料电池出口商，其生产的膜电极性能接近全球最先进水平，批量出口欧美。据美国杜邦公司最新统计，武汉理工新能源公司的市场占有率全球第六，仅次于美国戈尔、3M 等 5 家公司。

3.2.3 小结

从国际区域来看，车用燃料电池主要的创新机构有丰田、本田、日产、通用、福特、宝马、戴姆勒、现代等整车企业，以及普拉格能源公司（Plug Power）、燃料电池能源公司（FCEL）、联合技术动力公司（UTC Power）、努威拉燃料电池公司、Clear Edge Power、布卢姆能源公司（Bloom Energy）、SFC 能源公司、巴拉德动力系统公司（Ballard）、Hydrogenics、ITM Power 等系统和部件的开发商和制造商，主要分布在日本、美国、德国、韩国、加拿大等国家和地区。目前日本和韩国率先实现了产业化，丰田和现代汽车已经有能力大批量生产燃料电池汽车，其他大型车企也基本达到了生产燃料电池汽车的产业要求。

从国内区域来看，燃料电池还处在研究和开发阶段，且燃料电池汽车的技术门槛很高，需要巨大的投资，除了上汽公司以外，多数汽车公司并没有开展实质性的研发和产业准备。目前国内主要的创新机构还是集中在大学和科研院所中，如上海交通大学燃料电池研究所、同济大学新能源工程中心、清华大学、北京科技大学、天津大学、哈尔滨工业大学、华南理工大学、武汉理工大学等，中国科学院系的有中国科学院上海硅酸盐所、中国科学院大连化学物理研究所、中国科学院长春应用化学研究所。当然，国内的上海神力科技有限公司、上海燃料电池汽车动力系统有限公司、上海舜华新能源系统有限公司，新源动力股份有限公司、广东合即得能源科技有限公司、武汉理工新能源有限公司等企业也在对燃料电池系统进行积极的开发与布局。总体来看，国内的创新机构主要分布在上海、大连、北京、天津等地。

对比国际和国内创新资源的分布情况，可以看到，国外特别是日本和美国创新机构对燃料电池系统和部件的研发与制造历史比较久，并且目前已经达到了量产的要求，而我国无论是研究机构还是企业，涉足燃料电池领域的时间都不长，虽然在膜电极等个别部件的研发和生产上有赶超世界先进水平的趋势，但是总体来说，在创新资源数量、创新能力和创新活力方面与日本和美国还有较大差距。

3.3　超级电容

3.3.1　全球超级电容创新资源地图

日本、美国、俄罗斯、韩国等国家重点研究超级电容器及其在电动车中的应用，已有多年研发经验和技术储备，其中美国、欧洲是最早研制超级电容器的国家和地区，而日本是最早将超级电容器应用于混合动力车的国家（表 3–7）。美国的麦克斯威（Maxwell）、日本的松下（Panasonic）和日本电气（NEC）、俄罗斯的 Econd 等都是超级电容器领域的大鳄。发达国家将超级电容器研究纳入国家重点研究项目，制定超级电容器中长期研发计划，其中日本、美国、俄罗斯、韩国超级电容器技术处于领先地位，俄罗斯聚焦电容车技术和电动车制动能量回收的研究，超级电容器车曾被第 17 届国际电动车年会（EVS–17）评价为目前国际上最先进的超级电容器。

1992 年，美国能源部与美国先进电池联盟（USABC）组建国家实验室，开展应用于电动车、军事领域的超级电容。1996 年，欧共体制定由法国 SAFT 公司领导，阿尔卡特 – 阿尔斯通（Alcatel–Asthom）、菲亚特（Fiat）等机构参与的电动汽车超级电容器发展计划。俄罗斯的 Eltran 最早研制出以超级电容器作电源的电动汽车。麦克斯威公司的 Power Cache 超级电容器已被通用汽车公司应用于卡车和轿车中、ISE Research–Thunder Volt 公司应用于重型混合电力推进系统 Thunder Pack。2002 年，日本自主研发的超级电容器已应用于本田燃料电池超级电容器混合动力车 FCXV3 和 FCXV4 中，日产公司研制了超级电容器混合动力卡车，还推出天然气 – 超级电容器混合动力客车。装备超级电容器的混合动力电动公交车已成为日本的国家攻关项目。俄罗斯研发应用超级电容器的载重汽车，德国则重点研发应用超级电容器的客车启动系统。2007 年，美国 EEStor 公司研发出基于钛酸钡材料的超级电容器，并应用于纯电动车。美国 NASALewis 研究中心研制的混合动力客车采用超级电容器作为主要能量存储系统。2014 年，澳大利亚昆士兰科技大学（QUT）研发了新一代车用超级电容器，以提高存储能量。2015 年，美国俄勒冈州立大学着力研发纤维素作为超级电容器构件，以降低超级电容器成本。2016 年，美国麻省理工学院研发了全球首个不含碳的超级电容，性能优于碳基材料超级电容器。

表 3-7 国外超级电容器主要研发单位

国家	研发单位	应用方向
美国	麦克斯威（Maxwell）	车用超级电容器
	标准石油（Standard Oil）	应用广泛
	通用电气（GE）	
	库柏（Cooper）	
	MONTENA	
	Full Power Technologies	
	美国佐治亚理工学院（Georgia Institute of Technology）	
	EEStor	纯电动车
日本	日本电气（NEC-Tokin）	应用广泛
	松下（Panasonic）	
	埃尔纳（Elna）	
	Skeltech	
	贵弥功（Nippon ChemiCon）	
俄罗斯	Elit	已广泛应用于新能源、电力系统等多个领域，超级电容器电动汽车处于研发阶段
	Econd	
	Esma	
	Eltran	
法国	SAFT	电动汽车
	阿尔卡特 - 阿尔斯通（Alcatel-Asthom）	
	菲亚特（Fiat）	
韩国	三星（SAMSUNG）	应用广泛
	Ness cap	
	高奇普（Korchip）	
	Nuinteck	

1. 美国

美国成立国家管理机构，专门从事超级电容器发展计划、研究项目的制定，为推进国际超级电容器及其相关技术发展，国际性的超级电容器研讨会 Surpercapacitor Symposium 自 1991 年起，每年举办一次，美国拥有麦克斯威、康宁、库柏、通用电气等超级电容器巨头企业，EEStor、EnerG2、FastCap 等成长型企业，致力于加强超级电容器及其材料等方面的研究与开发。

加利福尼亚州圣地亚哥：麦克斯威。麦克斯威公司成立于 1965 年，是美国政府机构的合约研发服务提供商，是一家集超级电容器开发、制造和销售于一体的全球领导者，致力于超级电容器电极技术研发，干电极技术是其核心技术。下一步麦克斯威公司将专注于通过电极表面积的扩大来提高能量密度。麦克斯威公司创造了多个行业“第一”，1995年推出大容量单体，2001年将超级电容器设计用于轨道交通和风力发电机组，2004年发明干电极专利工艺技术（Durablue TM技术），2010年将超级电容器应用于小汽车。麦克斯威超级电容器因其一流的电源性能、卓越的可靠性、出众的充/放电周期和超长的使用寿命而闻名，为各行业提供蓄能和输电解决方案，包括汽车、重型运输、可再生能源（风和太阳能）、后备能源、再生电源、快速充电、冷态启动、无线通信、消费业和工业电子，应用范围非常广。业务遍及全球，其总电极研发制造分布于美国加利福尼亚州和亚利桑那州，单体和模块制造分布于中国天津、深圳、台中，销售市场则分布于德国、瑞士、韩国和中国上海。

2. 日本

日本设立NEW SUN SHINE（新阳光）开发机构和新电容器研究会，将超级电容器研究列入“新阳光”计划，加快超级电容器产业发展。日本拥有世界著名的超级电容器研发机构和企业，其中贵弥功株式会社、松下、日本电气、埃尔纳等在超级电容器研发能力方面具有较强优势。

日本东京都品川区：贵弥功株式会社（以下简称“贵弥功”）。贵弥功以研究铝电解电容起步，逐步开展大容量超级电容器研究，开发了DLE系列、DXE系列、DLCAPTM模块等产品，应用于汽车（纯电动汽车、插电式混合动力汽车、燃料电池汽车），新能源（风力发电、燃料电池组），备用电源等领域，如为马自达i-ELOOP能量系统配备超级电容器。目前，贵弥功在美国、中国设有制造基地，在泰国、马来西亚、新加坡、印度尼西亚等地设有销售市场，下一步在拓展市场的基础上，将加强锂离子电容器的研发，设立新一代超级电容器研究中心，推进超级电容器及电极材料研发。

3. 欧洲

俄罗斯、法国、德国在超级电容器领域具有一定的研究基础，拥有Esma、Eltran、SAFT等具有较强研发实力的知名企业，并加强了企业间的强强联合。

俄罗斯：Esma。Esma 积极研发生产无机混合型超级电容器，加快推进规模生产，已将超级电容产品应用于莫斯科公交车，并且与法国 SAFT 合作开发新一代超级电容。

法国巴涅奥莱市：SAFT。SAFT 是世界领先的高科技工业电池的设计开发及制造商，1996 年参与电动车用超级电容器研究，推出应用超级电容器的有轨电车，设在美国的分部则研发生产新一代非对称镍超级电容。

4. 韩国

韩国虽然涉足超级电容器研究较晚，但已诞生超级电容器领域著名企业，研发水平居国际领先水平。

韩国京畿道安养市万安区：高奇普（Korchip）。高奇普致力于超级电容器单体、储能模块、管理系统等的研发、生产、销售，2005 年与韩国现代汽车合作研究混合动力车用超级电容器。

3.3.2 中国超级电容创新资源地图

中国国内从 20 世纪 80 年代开始研制超级双电层电容器，超级电容器技术水平不断提高，卷绕型和大型超级电容器产品技术水平较为先进（表 3–8）。车用超级电容器的研发计划早已列入“十五”计划和“863”重大专项发展计划中。超级电容器课题中国电子科技集团第四十九研究所成功开发了法拉级的超级电容器，适用于电力电子电路。中国科学院化工所正在着手研究超级电容器原材料，将由微米级向纳米级转变。清华大学、中国科学院电工所、北京有色金属研究总院、北京科技大学、北京理工大学、北京金正平公司、哈尔滨巨容公司等单位多年来聚焦超级电容器研发及其在电动车中的应用；中科院电工所于 2005 年成功研制出适用于光伏发电系统的超级电容器储能系统；中上汽车已成功研发超级电容器形成车载能源管理、大功率快速充放电、电机驱动及智能控制完整技术体系。2011 年，高能镍碳超级电容器的成功研发突破了国内电动车电源技术的难点，引领国内超级电容器技术，产品已进入中试阶段，将应用于天津公交车辆。2012 年，宁波南车新能源科技有限公司专门从事超级电容器电极、超级电容器单体及超级电容器储能系统的生产研发，已建立超级电容器自动化生产流水线，生产研制 3000 法拉与 7000 法拉的超级电容器单体。2013 年，中国南车成立全国首个超级电容器研究所，研发高比能、低成本的新型超级电容器等。

国内超级电容器公交车技术相对成熟。2004 年国内研制的首辆电容蓄能变频驱动式无轨电车在上海张江试运行；2005 年 1 月上海交通大学与山东烟台市合作研制超级电容器公交电车。2006 年以上海奥威研发的超级电容器为动力源的国内第一辆超级电容器公交车、世界首条超级电容器公交车线路在上海运营；超级电容器公交车技术为国内企业掌握，已获得美国专利，正在申请美国政府的技术认证，若取得认证，该车将有望进入美国市场。哈尔滨工业大学联合巨容集团加强超级电容器电动公交车的研发。2010 年，自主研发的超级电容器公交车便已亮相上海世博会。2011 年，超级电容器公交列入工信部新能源汽车示范推广车型目录（第 28 批）并推广。2014 年，上海奥威科技开发有限公司研发推出一款新型超级电容器公交车。2015 年，宁波中车新能源科技有限公司打造的超级电容器（刘友梅团队 14 年攻关，突破 7500 法拉关口，把美、韩等国创造的世界纪录提高了一个数量级）实现产业化，推出了全球首创的超级电容器储能式现代电车，并在宁波鄞州投入运营。

超级电容器领域系列技术标准不断推出。上海奥威、中国电子科技集团第十八研究所牵头的《车用超级电容器》发布，实现超级电容器行业标准“零突破”。《超级电容器电动城市客车供电系统》等已陆续升级为国家行业标准，并顺利通过以色列、保加利亚等国家标准化委员会的评审，成为这些国家的行业标准。《超级电容器用有机电解液规范》通过了国家行业标准审定会，成为国内超级电容器材料方面的首个行业标准，有助于超级电容器电解液的规范化，推动中国超级电容器产业的技术进步。

表 3-8　国内超级电容器研发单位

地区	研发单位	研发应用方向
黑龙江	哈尔滨巨容新能源有限公司	大容量超级电容器及超级电容器公交车
	哈尔滨工业大学	超级电容电极、单体、超级电容器公交电车
吉林	吉林大学	超级电容电机、单体、车用超级电容器

（续表）

地区	研发单位	研发应用方向
辽宁	锦州凯美能源有限公司（锦州富辰、锦州锦容）	纽扣型和卷绕型超级电容器
	朝阳立塬新能源有限公司	混合超级电容，应用于新能源
北京	集盛星泰科技有限公司	卷绕型和大型电容
	北京合众汇能科技有限公司	电动车、混合动力车、太阳能储能、智能手表、电动玩具等
	清华大学	超级电容器电极材料、单体、模组、管理系统
	中国科学院电工所	车用超级电容器
	北京有色金属研究总院	车用超级电容器
	北京科技大学	车用超级电容器
	北京理工大学	车用超级电容器
天津	天津力神电池股份有限公司	超级电容器及模组，个人电子消费产品、电动工具、交通运输和储能等
山东	山东神工海特有限公司	电动车、太阳能储能、电动玩具、军工等
陕西	西安交通大学（电动车研发中心）	车用超级电容器
安徽	中国科学技术大学	超级电容器电解质材料、电极材料、单体等
江苏	南通江海电容器股份有限公司	研发锂离子电容器、有机对称型超级电容器、Pb/C 超级电容器
	江苏双登集团有限公司	卷绕型和大型电容
上海	上海奥威科技开发公司	法拉级超级电容器应用于数据贮存系统和低功耗无电源器具，重点研制高尔夫车、公交车等车用超级电容器
	上海展枭新能源科技有限公司	锂离子电容，应用于轨道交通、城市交通、工业等
	上海交通大学	超级电容器公交电车
浙江	宁波中车（南车）新能源科技有限公司	超级电容器公交电车、轨道交通、动车组、储能模组
	中国科学院宁波材料技术与工程研究所	超级电容器电极
	浙江大学	超级电容电极及工艺

1. 黑龙江

哈尔滨巨容新能源有限公司（一下简称“巨容”）：是国内行业龙头企业，是全球第一家通过美国 UL 产品认证的超级电容器生产厂家，拥有超级电容器及配套系列产品，自主研发的超级电容器产品技术水平已接近国际同类产品，应用于港口起重设备电动车牵引电源、汽车启动电源、电动工具、电磁开关电源、功率补偿系统、UPS 电源、电力峰谷平衡、风力发电机的能量储存装置，其中 VC 系列产品出口到美国、加拿大等国家。企业加强自主研发、技术创新，承担了国家发改委高技术产业化示范工程项目，参加国家“863 计划”电动汽车重大专项项目、混合动力大客车的开发项目、纯电动汽车开发课题、国家

“863”引导计划——以超级电容器为能源的电动公交车开发项目等。2011年完成超级电容器电公交车运行试验，研制的电动车用超级电容器组件应用于哈尔滨工业大学电动车课题组研制的电容电动车、烟台中上公司研制的电动公交车。

哈尔滨工业大学：开展超级电容器电极材料、单体、超级电容器电动车研究，早在2006年已成功研制超级电容电动车，承担多个国家及黑龙江省、哈尔滨市的超级电容器研究项目；与巨容进行联合攻关，致力于超级电容客车研究。

2. 吉林

吉林大学：开展超级电容器电极材料、单体、车用超级电容器研究，拥有纪媛教授、郑伟涛教授、赵纯教授等带领的研究团队。

3. 辽宁

锦州凯美能源有限公司：是国内较早从事超级电容器研发、生产、销售的企业，引进了专业生产设备和测试设备，设立研发中心、实验室，推进超级电容器自主创新。产品涉及十大系列、十七种类型，主要为小型卷绕式超级电容。

朝阳立塬新能源有限公司：专业从事超级电容器、电容型锂离子电池的研发、生产、销售，拥有国内领先的混合超级电容器电极制备技术，成功研制大功率混合超级电容器。

4. 北京

集盛星泰科技有限公司：较早涉足超级电容器在汽车领域的应用，主要在混合动力公交车领域搭建了超级电容器研发平台——由清华大学尤政院士科研团队领衔的超级电容器和储能技术研究院、应用技术中心，储备了一批超级电容器相关领域的高端人才（清华大学碳纳米材料研发团队），研发超级电容制造的尖端材料、超级电容器单体等，拥有较为完善的产业链，其生产规模、研发实力均处于行业领先地位，已列入工信部《汽车动力蓄电池行业规范条件》目录。

北京合众汇能科技有限公司：公司1998年已开始研发超级电容器，核心活性炭材料技术处于领先地位，产品以卷绕圆柱式为主，广泛应用于电动/混合动力汽车、大功率短时供能电源、太阳能储能、风力发电机变桨系统/储能缓冲系统、智能三表、电动自行车、电动玩具等领域。不仅生产超级电容器单体，包括批量生产 10 万法拉以上的大容量特制超级电容器单体产品，还生产模组和储能控制系统。

清华大学：国内超级电容标准制定者，拥有多个超级电容器研究团队，致力于超级电容器电极材料、单体、模组、管理系统等研究，如张强、魏飞教授致力于超级电容器电极材料的研究，康飞宇教授带领的能源与环境材料创新团队研究超级电容器电极材料及模组系统、管理系统，取得基础研究和产业化研究成果，部分研究团队已入驻国内龙头企业，如阮殿波研究团队被引入宁波中车新能源科技有限公司。清华大学已建立一条超级电容碳纳米管材料批量制备（产量 3kg/h）生产线，曾为境外上市公司提供了从基础研究到 3000 法拉超级电容器量产的全过程的研发技术支持。

中科院电工所：开展超级电容器及储能技术应用等研究，成功研发集成式新型固态柔性超级电容器、高性能石墨烯基超级电容器。

北京有色金属研究总院、北京科技大学、北京理工大学等研究机构也都在开展电动车用超级电容器研究。

5. 天津

天津力神电池股份有限公司：较早开始研发、生产超级电容器及模组，是麦克斯威在中国的重要合作伙伴，设立研究院、国家级博士后科研工作站、国家级企业技术中心以及国际一流水平的安全测试中心（国内电池行业首家 UL 目击测试实验室），承担各级项目，推进持续研发，推出技术先进、具有自主知识产权的超级电容器及相关系统集成产品。

6. 山东

山东神工海特有限公司：超级电容器研究起步较晚，但拥有年产 6 亿只超级电容器生产线，超级电容器产品出口量国内领先。

7. 陕西

西安交通大学（电动车研发中心）：致力于电动车关键技术领域的研发，加强电动车用超级电容器及储能系统、管理系统的研发，积极研制超级电容 – 蓄电池复合电源微型电动车。

8. 安徽

中国科学技术大学：开展超级电容器电极、电解质材料、单体等研究，如朱彦武教授带领的研究团队研究高性能超级电容器电极材料——多孔炭材料，谢毅教授团队、吴长征教授课题组研究用于全固态超级电容器的凝胶电解质——新型两性凝胶电解质，马明明教授团队设计高强度超分子水凝胶，研制作为电极材料的柔性全固态超级电容器。

9. 江苏

江苏双登集团有限公司：从事超级电容、锂电池、电池管理系统等储能产品及系统研发、生产、销售，设立双登科技发展研究院、博士后科研工作站和工程技术中心，承担国家“863计划”、国家重点新产品、江苏高技术研究计划等项目，研制的“双登”新能源储能用超级电容器，拥有多项发明专利，其中风力发电变桨用超级电容器储能系统项目获江苏省科技进步二等奖。

南通江海电容器股份有限公司：将超级电容器研究作为企业发展重点，着力研发锂离子电容器、有机对称型超级电容器、Pb/C超级电容器，加强产品布局构建，与加利福尼亚大学洛杉矶分校卢云峰教授合作开发石墨烯超级电容器关键材料。

10. 上海

上海奥威科技开发公司：从事超级电容器的研发、生产、销售，重点研制车用超级电容器，是行业龙头企业，是国内目前规模最大的非对称双电层电容的研发生产企业，是国内最早研究车用超级电容器的企业之一。公司成立了中国首家超级电容器研究发展中心、国家车用超级电容器系统工程技术研究中心，建成国内最具规模的超级电容器研发基地，承担过国家“863计划”等国家、地方政府的超级电容器应用项目（上海市科学技术委员会“超级电容器产业化关键技术研究”）等多个项目，制定公司知识产权发展和保护战略规划。研制的超级电容器的技术指标，包括比能量、比功率等已经达到或超过国际先进水平，产品覆盖世界上超级电容器产品的技术路线，生产的超级电容器公交车出口保加利亚等多个国家，超级电容器产品和超级电容器客车已通过欧盟RoHS、UL、TUV认证和PUTZ整车评价及国外保证安全性检测等系列测试，成为国内第一家拿到超级电容器产品进入欧洲市场通行证的企业。产品被认定为“国家重点新产品”“国家自主创新产品”等，获上海市技术发明一等奖等多项荣誉。

上海展枭新能源科技有限公司：隶属宁波杉杉集团，致力于锂离子电容（Lithium Ion Capacitor，LIC）自主研发、生产和销售，日本JME公司锂离子电容在中国的系统集成以及销售的战略合作伙伴。目前该公司的锂离子电容产品正处于研发阶段，还未进入量产，将应用于轨道交通、城市交通、工业领域、军事领域、绿色能源、消费品领域等。

上海交通大学：开展超级电容器电极材料、单体结构设计、车用锂离子超级电容、超级电容电动车等研究，承担国家“973计划”项目等多个科研项目，已于2005年在山东烟台市开发超级电容公交车辆并建设12km示范线。

11. 浙江

宁波中车新能源科技有限公司：专业从事超级电容器电极、超级电容器单体、储能电源模组、系统集成等的研发、制造和销售，致力于为全球客户提供新型超级电容器驱动与能量回馈方案及装备。作为后起之秀，已成功赶超国内绝大多数超级电容器企业，成为行业领军企业。开展超级电容器研究和专利申请，拥有自主知识产权的先进超级电容器制造技术，引进清华大学阮殿波博士团队、乔志军博士等，组建超级电容器研发技术创新团队、由超级电容器行业权威杨裕生院士牵头的院士工作站，聘请了近十位国内外超级电容器领域的顶级专家成立超级电容器研发与应用专家委员会，设立超级电容器研究生所、储能系统研究所，参与国家“863计划”项目、国家工业强基专项、宁波市石墨烯产业化专项、中车集团重点专项等20余个项目，已掌握超级电容器制备技术，建成两条达到国际先进水平的大容量超级电容器自动化生产线，年产能达100万只，9500F超级电容器获得宁波市重点工业新产品一等奖。生产研发的超级电容器已广泛应用于储能式无轨电车、储能式有轨电车、动车组等，推出了全球首创的超级电容器储能式现代电车，动车组已出口马其顿，超级电容器储能式无轨电车驶入奥地利。

中国科学院宁波材料技术与工程研究所：研究所设立动力电池工程实验室，主要从事电极材料研究，在石墨烯、碳材料领域的研究处于国内领先地位。拥有刘兆平研究员带领的研发创新团队，研究实力较强，已承担超级电容器领域等多个宁波市级科技计划项目，涉及电极材料及其制备方法。

浙江大学：跻身国内超级电容器领域专利申请高校排行前五，设立苏州工业技术研究院，下设超级电容研发和产业化基地——超级电容研究中心，致力于超级电容电极材料、单体等研究，打造研发平台、中试基地、检测服务平台。

3.3.3　小结

从国际区域来看，超级电容领域主要的创新机构有美国的美国先进电池联盟（USABC）、麦克斯威、EEStor，日本的贵弥功、松下、日本电气，俄罗斯的 Esma、Eltran，法国的 SAFT，韩国的三星、Ness cap、高奇普。美国、日本等研发机构掌握着超级电容器单体、材料及其制备等技术与工艺，处于技术垄断地位；各国不断改善超级电容器性能，陆续推出全球首创的基于钛酸钡材料的超级电容器、不含碳的超级电容器等新型超级电容器，并致力于超级电容器在新能源汽车领域中的应用研究，成功将超级电容器应用于混合动力车、纯电动车等。

从国内区域来看，超级电容领域主要的创新机构有哈尔滨巨容新能源有限公司、哈尔滨工业大学、锦州凯美能源有限公司、朝阳立塬新能源有限公司、集盛星泰科技有限公司、清华大学、西安交通大学（电动车研发中心）、江苏双登集团有限公司、南通江海电容器股份有限公司、上海奥威科技开发公司、上海交通大学、宁波中车新能源科技有限公司、中国科学院宁波材料技术与工程研究所、浙江大学等，主要分布在黑龙江、辽宁、北京、江苏、上海、浙江等地。国内创新机构多年来加强车用超级电容器研究，拥有了一批超级电容器领域的高层次研发人才与创新团队，储备了一批超级电容器领域的专利技术，制定了超级电容器领域的相关标准，成功研制了高性能超级电容器，推出了超级电容公交车、超级电容器储能式现代电车等新能源客车，在超级电容器公交车领域处于领先地位。

对比国际、国内超级电容领域创新资源分布及研发情况，我国超级电容的研究水平不断提高，在超级电容公交车的研发应用处于世界前列，但在超级电容器原材料及其制备等方面与国外先进水平有差距，美国、日本、俄罗斯的企业仍掌握着核心技术与专利。总体来说，全球超级电容在新能源汽车中的应用及其相关技术研究仍处于探索阶段，如何提升超级电容器性能从而推动新能源汽车发展等问题依然是当前研究焦点。

第 4 章　新能源汽车动力系统产业链发展概况

新能源汽车产业链在传统汽车产业链的基础上进行延伸，形成了全新的产业链条。上游主要增加了电池、电机、电控系统、专用自动变速器等部件，其中电池部件，按照新能源汽车不同类型，也具有不同的特性（见图 4–1）。下游主要增加了充电设施、电池回收等产业（见图 4–2）。

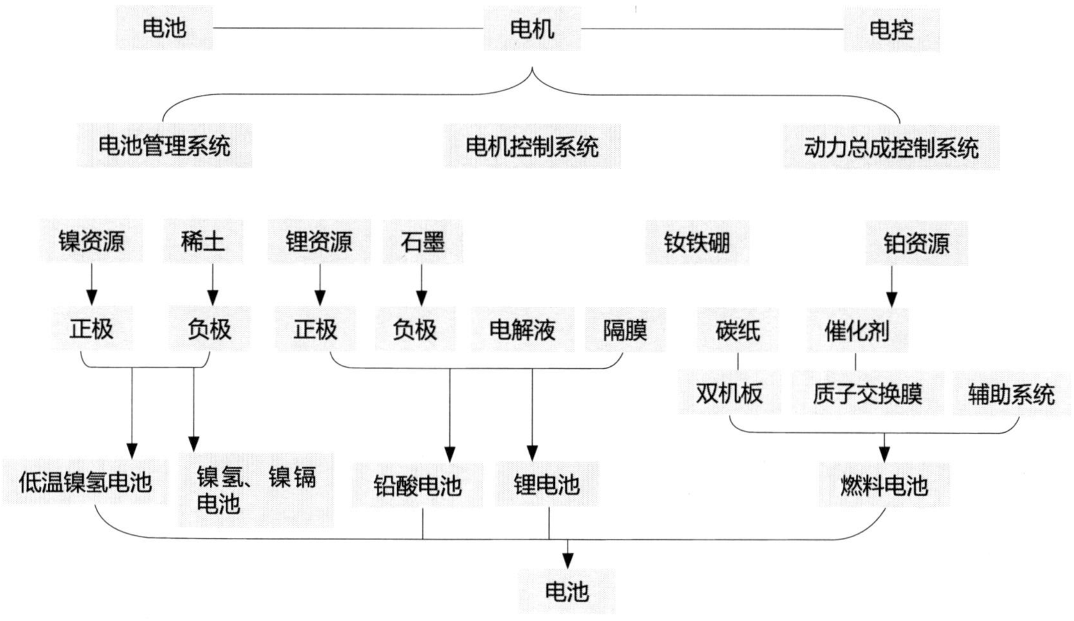

图 4–1　新能源汽车动力系统上游组成及电池材料

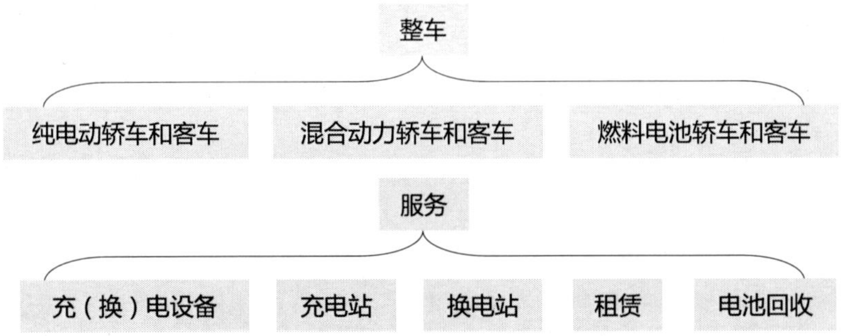

图 4-2　新能源汽车动力系统下游整车及服务

4.1　纯电动汽车锂离子电池产业链概况

锂电池产业链主要由锂矿资源、锂电池原材料（包括正极材料、负极材料、隔膜、电解液）以及电芯制造与封装构成，其中锂电池原材料占据了锂电池价值链的主要部分，约占锂电池总成本的 75%。当前，以锂电池为代表的纯电动汽车产业链各个环节呈现如图 4-3 所示的技术发展趋势。

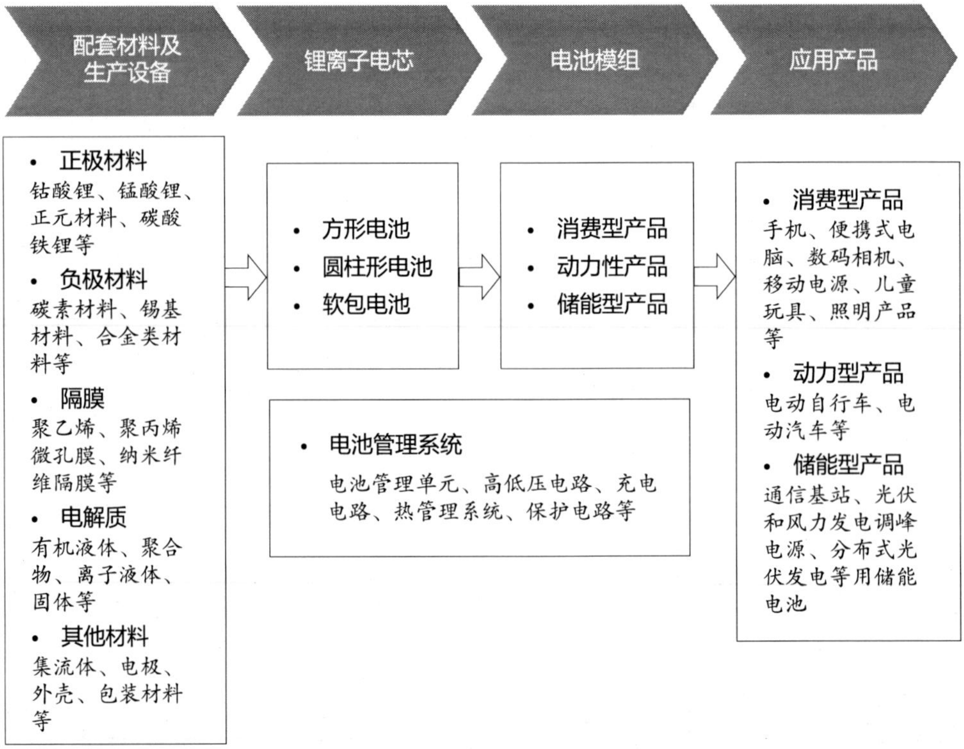

图 4-3　锂电池产业链条图

4.1.1 纯电动汽车锂离子电池产业发展特色

1. 全球锂电池产量稳步提升

自1991年全球第一只商业化锂离子电池由日本索尼推向市场以来，锂离子电池产业发展已走到第25个年头。经过20多年的发展，锂离子电池市场规模从无到有，先后超越镍镉电池、镍氢电池等其他二次电池而发展成为仅次于铅酸电池的第二大二次电池产品。欧洲知名产研机构 Avicenne Energy 发布的统计数据显示，从1990年至2012年，锂离子电池市场规模从0.5万千瓦时(1990年还处在试应用阶段)快速发展到3233.47万千瓦时，年均复合增长率高达49%。

2. 市场重心向动力应用方向转移

如果把锂离子电池的下游应用市场分为消费类电子产品、电动交通工具、工业与储能这三大板块，可以发现，锂离子电池的需求重心正处于由消费类电子产品的小电池市场向电动交通工具和工业与储能的动力电池市场转移的发展阶段，大致的先后顺序是：消费类电子产品市场、电动交通工具市场、工业与储能市场。

据测算，全球消费类电子产品市场对锂离子电池的需求占比从2011—2014年呈现明显的下滑势头——由2011年的80%以上快速降到2014年的55.7%，预计到2020年会持续降到30.5%。与此同时，后两大市场的占比却在快速上升，其中电动交通工具市场主要以电动汽车和电动自行车为代表，工业与储能市场主要以移动通信基站电源市场为代表。电动交通工具市场对锂离子电池的需求呈现高速增长态势。其中在电动自行车市场，随着性价比逐步赶超，锂离子电池已开启了规模化替代铅酸电池的进程。这种确切的发展趋势使得在该市场占据支配地位的浙江天能和超威这两家铅酸电池大厂先后投资兴建锂离子电池生产设施。未来，锂离子电池市场规模增长的最大动力确定无疑将来自电动汽车市场。

4.1.2 正极材料的发展概况

锂电池正极材料市场目前主要产品包括：钴酸锂、锰酸锂、磷酸铁锂和三元材料。钴酸锂通常应用于手机和平板电脑等 IT 产品中。锰酸锂和三元材料主要应用在动力性产品中。其中，三元材料近年来快速崛起，应用前景被看好。磷酸铁锂具有较高的循环性能和安全性，但在工业化成熟度、成本、一致性上，锰酸锂远优于磷酸铁锂。

从全球来看，目前正极材料主要厂商是日韩和欧洲厂家，中国企业也在逐渐崛起。比利时的优美科（Umicore）主要生产基地在韩国，2010 年得益于韩国 LG 化学和三星 SDI 需求大增，优美科超过日本日亚化学，成为全球第一大锂电池正极材料大厂，市场占有率超过 30%。由于锂电池正极材料种类繁多，因此参与厂家众多，尤其是日本厂家，如户田工业、AGC 清美、田中化学、JFE 矿业、三菱化学、三井金属、住友大阪水泥、日本化学工业等，日本厂家大约占正极材料市场的 50%；中国厂家则以金和、八莫、瑞翔、杉杉、当升科技、厦门钨业、深圳振华、中信国安固利、长远锂科、深圳天骄、乾运高科等为主。

4.1.3 负极材料的发展概况

负极材料市场保持逐年增长态势，但产品技术体系互有消长。日本厂商占负极材料市场的主流，其中日立化成的市场占有率全球第一。负极材料非常成熟，关注度不高。国内的主要生产企业有贝特瑞、杉杉、弘光科技、湖南摩根海容等。

4.1.4 电解质的发展概况

电解质是制造锂电池所需的四大关键材料之一，按其存在形态大致可以分为液态电解质、凝胶态电解质和固态电解质。电解质材料的发展存在一个明显的从液态到固态的发展过程，现阶段在电解质市场居统治地位的是液态电解质，一般称为电解液。电解液一般由高纯度的有机溶剂和溶质以及必要的功能添加剂等原料，在一定条件下，按一定比例配制而成。一般而言，电解液中有机溶剂和溶质容易被分析并模仿抄袭，但添加剂成分通常很难被分析出来，是电解液企业的技术核心。全球锂电池企业巨头如松下、索尼、三星 SDI、LG 化学等一般都有自己独特的添加剂技术，购买电解液之后再进行适当的加工和改性，以更符合自身锂电池制造的需要。

电解液最关键的原材料六氟磷酸锂基本上被日本厂家所垄断，森田化学、Stella Chemifa、关东电化市场占有率超过 60%。此外，主要生产企业还有韩国厚成化工（Foosung），中国天津金牛、深圳新宙邦、广州天赐、河南多氟多等企业。

4.1.5　隔膜的发展概况

隔膜按材质主要分为聚丙烯 / 聚乙烯 / 聚丙烯 (PP/PE/PP) 三层复合膜、单层 PE 隔膜、单层 PP 隔膜。PP/PE/PP 复合膜代表厂商有 Celgard 和宇部兴产，这种隔膜强度较好、环保、成本低，但制造工艺复杂，尤难做到超薄（16 μm 以下）。单层 PE 隔膜的代表厂商有旭化成、东燃化学和美国恩泰克（ENTEK），这种隔膜生产成本较高，适合制造超薄隔膜。单层 PP 隔膜成本低、机械强度高，但短路时温升较高。从隔膜的制造工艺上看，目前主要有干法和湿法两种。

隔膜现有的制造供应商集中于日、韩、美、中四国，长期占市场主导地位的企业有日本旭化成、Celgard、东燃化学，2015 年，三家企业的市场占有率达到 50% 以上。其他隔膜企业还有日本的宇部兴产、住友化学、日东电工；韩国 SK 化工、W-Scope；美国的恩泰克；中国隔膜企业以佛山金辉高科、深圳星源材质、新乡格瑞恩等为代表。

4.2　车用燃料电池产业链概况

车用燃料电池产业链分为制氢、氢的运输分配、氢存储、燃料电池系统四个环节，图 4-4 根据四个环节梳理出上游、中游、下游产业链主要的几个成本下降和技术革新方向，有助于深入了解车用燃料电池产业的发展情况。

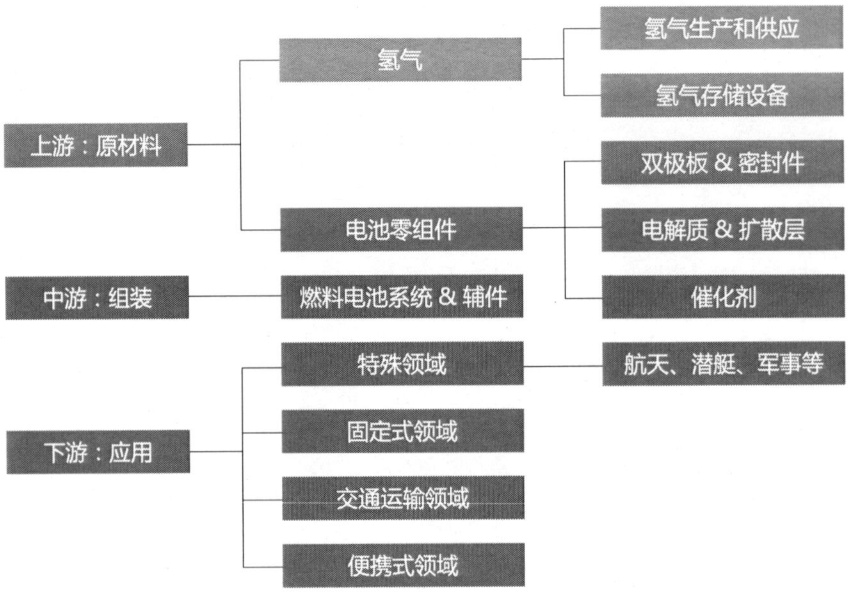

图 4-4 车用燃料电池产业链图

燃料电池系统是燃料电动车的核心，一般由电池堆、燃料处理器、空气压缩机和组成增湿器组成。其中燃料电池堆又由质子交换膜、双极板、催化剂、碳纸和其他辅助系统组成（图 4-5）。

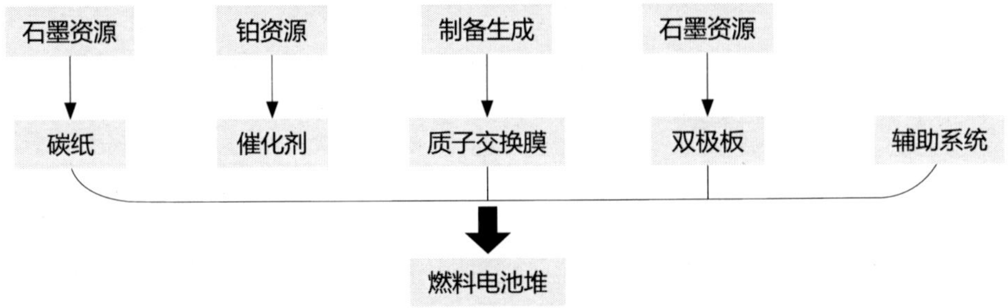

图 4-5 燃料电池堆的主要构成

4.2.1 燃料电池汽车的产业化概况

丰田 Mirai 上市及专利开放拉开燃料电池汽车产业化的序幕。2014 年底，丰田发布了首款氢燃料电池量产车型 Mirai，国内补贴后售价 30 万元，发电机最大功率 114 千瓦，3 分钟可加满 5 千克氢气，续航里程 650 千米，标志着燃料电池汽车的技术成熟度已完全具备量产要求。2015 年 1 月，丰田宣布向全球无偿提供 5680 项相关专利技术的使用权，包括 3350 项燃料电池控制系统、1970 项燃料电池组、290 项高压储氢罐以及 70 项加氢站专利技术（此前特斯拉为推动纯电动汽车发展，宣布开放纯电动汽车相关专利）。技术专利的大举开放大大降低了行业技术门槛，加速推动了氢燃料电池汽车的普及和商业化发展，本田 Clarity 氢燃料电池车也实现了量产。

据美国能源局公布的数据，得益于 2015 年催化剂与电极结构性能的提升和成本的下降，实验室阶段最新燃料电池的成本已大幅降低且规模效应明显，当燃料电池汽车的产量达到 50 万台时，燃料电池系统的平均成本可降至 53 美元 / 千瓦，与内燃机相仿。其中，燃料电池堆成本约占燃料电池系统成本的 50%。预计 2020 年燃料电池动力系统成本下降 60%，整车成本与传统燃油车相当。美国能源部橡树岭国家实验室研究表明，至 2020 年，燃料电池系统产量提高可以对燃料电池系统产生 30% 的成本降幅，而技术突破会带来 40% 的成本降幅。

4.2.2 车用燃料电池堆的发展概况

质子交换膜（Polymer Electrolyte Membrane）：是一种聚合物薄膜，仅允许质子通过，厚度大约 20 微米。质子交换膜是质子交换膜电池（PEMFC）的关键部件，其各项性能会直接影响到质子交换膜电池的性能与寿命，质子交换膜的性能指标主要指其物理性能与化学性能，包括厚度、拉伸强度、含水率、溶胀度、当量质量、导电性能及选择透过性等。至今世界各国试制运行的质子交换膜电池组用的质子交换膜以杜邦公司（Du Pont）生产销售的 Nafion 膜为主。另外，杜邦、戈尔（WL Gore）、3M、陶氏化学公司、日本旭化成和旭硝子公司等都在积极研制和生产。目前质子交换膜的售价高，制约了质子交换膜燃料电池的商业化。质子交换膜（PEM）生产规模效应明显，量产后有望降低成本 80%。以目前全氟磺酸隔膜（Nafion）市场价格 600 美元 / 米 ^{2} 计算，100 千瓦燃料电池汽车需使用约 20 平方米的质子交换膜，即成本相当于 120 美元 / 千瓦，单此一项，已经是普通内燃机成本的两倍有余。据美国能源局测算，质子交换膜生产规模效应明显，当燃料电池汽车年产量达到 50 万辆时，其成本有望削减 80%，达到 10 美元 / 千瓦。

双极板又称流场板，其主要功能是使一个电池阴极的表面同下一个阳极串联起来，同时还向阴极供氧和向阳极提供燃气。除此以外，还必须置有冷却流体通过电堆的通道并保障冷流体和反应气体分离，需要具有良好的气密性。目前最基本的双极板是选用机械加工石墨材料得到的。石墨是导电材料，易于加工，密度较低，比许多金属更适用于制作双极板。但是由于石墨的脆性，导致加工成本较高，且不易批量生产，每平方米价格超过1500美元。未来有望通过新材料替代石墨材料，以及改进工艺以实现批量生产，双极板的成本也会随着量产而直线降低。据美国能源局测算，当燃料电池汽车年产量达到50万辆时，其成本有望削减至15美元/千瓦，即60美元/米^2，可以实现高达96%的成本降幅。

催化剂层（Catalyst Layers）：附着在交换膜的两侧，常见的催化剂层是在碳基载体上分布纳米级的铂金属颗粒，在负极侧，铂金使氢气分子分解为氢离子和电子，在正极铂金使氢离子和氧作用生成水，主要厂商有3M、JM、巴斯夫（BASF）等。为提高铂的利用率和减少铂的用量，铂均以纳米级颗粒形式高分散地担载到导电、抗腐蚀的担体上，目前运用最广泛的是VulcanXC-72R炭黑。在丰田推出Mirai之前，100千瓦以上功率的车需使用铂约80克，而Mirai采用铂钴合金作为催化剂，不仅显著减少了铂的用量，而且大幅提高了铂的催化活性，实现了0.174克/千瓦的铂用量，114千瓦的Mirai仅用铂20克。美国能源局估计，2020年燃料电池汽车催化剂可以实现铂用量0.125克/千瓦，使得燃料电池系统成本降低25%。

气体扩散层（Gas diffusion Layers）：处于催化层的外侧，促进气体进入催化层，同时可以运离生成的水；常见的气体扩散层是部分由聚四氟乙烯覆盖的碳纤维纸，气体通过气体扩散层的孔可实现快速扩散，同时可以调节水存留和释放量平衡。主要厂商有西格里（SGL）、东丽（Toray）、Ballad。膜电极制备的方法是在传统制备的工艺上发展沉积法、浸渍法、涂覆法、丝网印刷法等。增湿技术分为外增湿技术、内增湿技术和自增湿技术。

4.2.3 氢气制取、提纯和存储技术的发展概况

氢的制取、提纯和存储技术被认为是氢能利用走向实用化和规模化的关键，也是推动燃料电池汽车商业化的重要进程，各国的政府研究机构及各大汽车公司都开始加大对该领

域的研究。

城市制取氢气的技术路线分为电解水制氢、天然气重整制氢和外供氢技术。电解水制氢的技术目前已经十分成熟，欧洲大多数加氢站都采用这种技术，主要是利用电力将水分解成氢气和氧气后，利用压缩机将氢气以高压形式储存在储罐中，通过加注机完成向燃料电池大客车的氢气加注；天然气重整制氢具有制氢成本低的优点，并能充分依托现有的天然气基础设施发展经验来发展氢能基础设施，但其设备初始投资较大，且制备的氢气需要经过纯化工艺方能满足燃料电池的要求。因此大规模的天然气重整制氢主要应用于化工行业；外部供氢技术主要使用外供氢气对燃料电池大客车进行加注，其氢气来自于钢铁企业的副产氢气，使用高压氢气瓶集束拖车运输。车载氢气供应系统的研究与开发，目前比较领先的是加拿大的 Dynetek 和美国的 Quantum。Quantum 与美国国防部合作，成功开发了移动加氢系统——HyHauler 系列，分为 HyHauler 普通型和改进型，并且已经前瞻性地将 HyHauler 系统应用到部分车辆上进行检测。我国示范性加氢站及燃料电池客车车载供氢系统尚处于 35MPa 压力的技术水平，核心设备依赖进口。

氢气提纯技术主要采用冷却分离技术，成本较高，限制了氢利用的商业化。美国正在开发一种碳氢膜分离系统，可以应用在大规模煤制气联合系统中，用于分离氢气和二氧化碳，可替代成本高昂的冷却技术。

氢的储存方法有高压气态储存、低温液态储存和固态储存 3 种。为提高续航里程，70MPa 高压储氢是国内外氢能储存的发展目标和研究重点。美国通用汽车公司（GM）首先开发出用于燃料电池的、耐压达 70MPa 的双层结构储氢罐。美国加利福尼亚州欧文（Irvine）的 Impco 技术公司随后也研制出耐压达 69MPa 的超轻型 Trishield 储氢罐。日本丰田公司采用了丰田独自开发的 70MPa 的高压氢储存箱，容量较从前的 FCHV 都有所增加，储罐压强也增加了一倍，实现 FCHV-adv 一次充氢后续航里程可达 830 千米，达到了以往同类车型两倍的水平。2009 年 12 月 4 日，浙江大学王新华研究员主持的 2006 年探索导向课题“70 MPa 静态化学热压缩高压超纯氢压缩技术与装置”通过了国家科技部高技术中心组织专家的验收。2009 年科技部又推出了“863”课题，研制 70MPa 的车载气瓶，大力推动我国高压储氢技术的发展。

截止到 2016 年 1 月，全球正在运营的加氢站超过 200 座，未来 5 年全球主要国家将加快加氢站建设，2020 年全球加氢站保有量将超过 435 座，2025 年有望超过 1000 座，其中日本、德国和美国分别达到 320 座、400 座和 100 座。目前中国仅有加氢站 4 座，分别位于北京、上海、郑州、深圳四地，主要为燃料电池实验车辆、城市燃料电池公共示范汽车提供加注服务，尚未实现商业化运营。运营时间相对长的是北京和上海安亭加氢站。

4.3 超级电容器产业链概况

超级电容器产业链从上游的原材料（电极、电解质、隔膜、集流体、黏结剂、封装、引线等），到中游的原材料组合的结构设计、超级电容器单体、储能系统或模组，再到下游的超级电容器应用领域，基本情况如图 4–6 所示。其中原材料及其结构设计很大程度上决定着超级电容器单体性能，从而影响超级电容器在相关领域的应用效果。

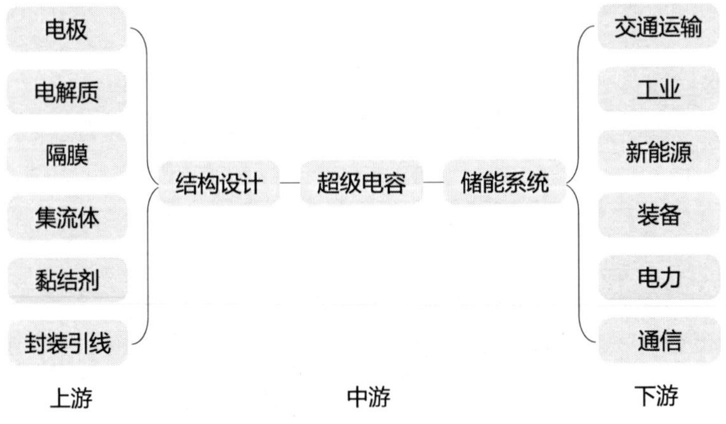

图 4–6 超级电容产业链条图示

4.3.1 超级电容器上游产业的发展概况

从超级电容器原材料来看，电极、电解质、隔膜、集流体、黏结剂等原材料核心技术均被国外垄断，专利等掌握在日本、美国、俄罗斯、韩国等发达国家企业手中，中国目前还无法实现超级电容器原材料国产化，在活性炭、隔膜、集流体等制备技术领域无法突破技术瓶颈，生产工艺与国外存在差距，产品一致性较差，产品质量和性能偏低，难以推进原材料量产。电极、电解质、隔膜是影响超级电容器单体性能的三个重要部件，突破现有技术局限、提高单体性能成为首要研究任务。电极材料有碳基电极材料，如活性炭、多孔炭、碳纤维、碳气凝胶、碳纳米管、石墨烯等，主要研发和生产厂商有日本的松下、日本电气、旭金属工业株式会社（Asahi）、五十铃（ISUZU）、TDK，美国的麦克斯威，韩国的韩国科学技术研究院（KIST）、三星等；金属氧化物材料如氧化钴、氧化锰等，目前以多种氧化物为主，主要研发和生产厂商来自日本和韩国，如日本的松下、韩国的三星等；导电聚合物材料有聚乙炔、聚—O—亚苯基、聚苯胺及其衍生物，研发和生产厂商如日本电气，美国的麦克斯威、韩国的三星、LG 等；复合电极研发和生产厂商以日本企业为主，松下、旭金属工业株式会社、TDK 比较知名。电解质包括固态电解质、液态电解质、凝胶电解质，重点研发和生产厂商来自日本、美国。隔膜有琼脂膜、聚丙烯膜、隔膜纸、无纺布、高分子半透膜等，著名厂商有日本的长野工业（NKK）、美国的 Dreamweaver International、格莱富特（P.H. Glatfelter）等，减小隔膜厚度，降低超级电容器成本，提高安全性。

4.3.2　超级电容器中游产业的发展概况

在发达国家，超级电容器单体的生产应用备受重视，产品向规模化、市场化、大众化迅速发展。美国、日本、俄罗斯、瑞士、法国、韩国在超级电容器技术领域处于领先地位，生产的超级电容器产品能量密度和功率密度相对较高，性能良好，其中美国、日本企业占据着全球大部分市场，产业化规模不断扩大。国外生产超级电容器的知名企业包括美国的麦克斯威，日本的松下、日本电气和 Elna，俄罗斯的 Econd 和 Elit，韩国的三星、Ness 和高奇普，法国的帅福得（Saft）等，其中麦克斯威公司所开发的超级电容器主要应用在城市交通运输领域，如城市混合动力客车、各种类型电动汽车、轨道交通、卡车等，松下、日本电气将超级电容器应用于混合动力电动汽车。

中国超级电容器生产虽然起步较晚，但超级电容器生产水平已逐步提升，由起步阶段向实用化阶段转变，超级电容器产品竞争日趋激烈，超级电容器产业不断成熟。2016年，工信部将超级电容器单体企业列入动力电池行业规范和发展目录，印发了《工业强基2016专项行动实施方案》，首次将超级电容器列入扶持重点，极大地推动了超级电容器产业化。

目前，中国超级电容器企业中能够实现量产的企业不多，生产液体双电层电容的企业居多，而生产固体超级电容器的企业相对较少，其中国内卷绕型和大型超级电容器产品技术水平已进入先进行列，占据一定的市场份额。全国著名超级电容器企业有上海奥威、哈尔滨巨容、宁波中车、锦州凯美能源（锦州富辰、锦州锦容）、北京集星、立塬新能源、天津力神、江苏双登、南通江海、山东神工海特、山东精工等，其中哈尔滨巨容自主研发的超级电容器产品技术水平已接近俄罗斯同类产品，宁波中车新能源科技、上海奥威科技研发生产的车用超级电容器在某些性能上已赶超国外同类产品，技术水平已迈入国际先进行列。中国企业不断开拓国际市场，上海奥威开始在白俄罗斯明斯克中白工业园建设年产100万只超级电容器的产业基地，推进车用超级电容器产业化。

4.3.3 超级电容器下游产业的发展概况

超级电容器应用逐步扩展，其中超级电容器客车、公交车发展最为迅猛，市场占有率不断提升。主要是由于超级电容器能量密度相对较小、动力强劲性和持久度相对不高，且对于行驶车辆而言，需要短时频繁充电，因而超级电容器不适合路线不固定、行驶情况多变的私人乘用车，而客车、公交车行驶线路固定，行驶状况稳定，充分利用停靠站点即时充电，给超级电容器应用提供了广阔空间。从全球来看，日本、德国超级电容器混合动力客车研发稳步推进，日本本田燃料电池超级电容器混合动力车FCXV3和FCXV4的上市，提高了汽车动力系统效率，日产公司生产安装有柴油机、电动机和超级电容器的并联混合动力卡车，还推出天然气–超级电容器混合动力客车。

中国超级电容器客车、公交车技术相对成熟，领先于其他国家，美国麦克斯威与欧洲车厂合作，推出超级电容器乘用车。自2004年国内首辆搭载超级电容器的电容蓄能变频驱动式无轨电车在上海张江试运行，2006 年超级电容器公交电车投入运营，2010 年超级电容器公交车亮相上海世博会以来，超级电容器已在并联式混合动力车“申新动 1 号”、CyberC3-0 无人驾驶电动车、海格插电式混合动力客车等车辆中得到应用，上海奥威、宁波中车新能源科技、扬州亚星、海格、苏州金龙、厦门金龙、厦门金旅、湖南中上汽车等分别推出超级电容器公交车，已在国内部分地区运行，中国超级电容器公交车将向大规模产业化生产阶段迈进。近年来，上海奥威超级电容器公交车在保加利亚投入运营，标志着国产新能源公交车成功登陆海外；中国海格、金龙联合汽车工业（苏州）有限公司超级电容器公交车上线，驶入塞尔维亚；宁波中车新能源科技的第二代超级电容器储能式无轨电车在奥地利运营，标志着中车的超级电容器无轨电车迈出进入欧盟市场的第一步。超级电容器客车成功登陆多个国家，实现超级电容器公交车“出海梦”。此外，宁波中车取得多项突破，推出全球首创的超级电容器储能式现代电车，多条超级电容器储能式现代无轨电车公交线路在宁波城区正式运营。

超级电容器与锂电池、燃料电池等组合成储能系统成为现阶段重要应用热点，应用领域不断扩大。如此类储能系统作为新能源汽车的重要能源，将提高电池寿命、弥补燃料电池比功率不足、最大限度地回收制动能量。目前，超级电容器与锂电池组成的储能系统已应用于电动汽车、混合动力汽车、轨道交通等，而超级电容器与燃料电池组成的储能系统还处于研发阶段，未进入量产阶段。

第 5 章　新能源汽车动力系统技术趋势

用专利分析工具对新能源汽车动力系统的专利技术结构进行解析，有助于把握新能源汽车动力系统的技术脉络，明确技术开发的方向和创新突破口，预测技术未来发展的趋势。本章在对新能源汽车动力系统的技术重点进行剖析的基础上，通过绘制技术功效图，一目了然地掌握“专利空白区”的分布情况，从而对新能源汽车动力系统的未来技术趋势进行预见和展望，有效加强该领域的“专利部署”。

5.1　纯电动汽车动力系统的技术趋势

5.1.1　目前纯电动汽车动力系统的技术重点

对纯电动汽车动力电池核心专利的标题和摘要等进行文本聚类分析，绘制纯电动汽车动力电池核心专利文本聚类。筛选得出的主要关键词包括控制系统、能量管理、能量源、动力电池等。在动力电池的主关键词中，有能量源、电池组装、交流网络、电能存储等副关键词。说明技术主要集中在能量源的研发上，采用什么材质的电池会对电池的性能产生很大的影响。交流网络则是指电池和其他汽车零部件的反映系统，对各个零部件的连接和反映网络做整体的优化将会使整车性能有质的突破。另外，“电能存储”一词出现频率较高。

5.1.2 纯电动汽车动力系统技术功效分析

1. 全球纯电动汽车动力电池技术功效分析

锂电池的发展更符合全球纯电动汽车动力电池的发展趋势，在充放电速度和环保性能上研究较少。图 5–1 为纯电动汽车常用动力电池的技术功效图。总的来看，锰酸锂、钴酸锂和磷酸铁锂电池要比镍氢、镍镉和镍锌电池的专利数总和要多，这说明锂电池更符合未来的发展方向，在实现各项功效上的可行性更大，成本更低，因而技术人员着重对锂电池进行了研发，从而成果产出数也较多。从纵向上看，在安全性、能量密度、循环寿命和结构稳定性上，各项技术的专利数都比较多，而在充放电速度和环保性能上目前的研究还比较少。随着时代的发展，在基本性能得到完善的基础上，未来对充放电速度和环保性能的追求也越来越高，今后的研究技术需要在这两方面投入更多，以填平在这两项功能上的洼地。

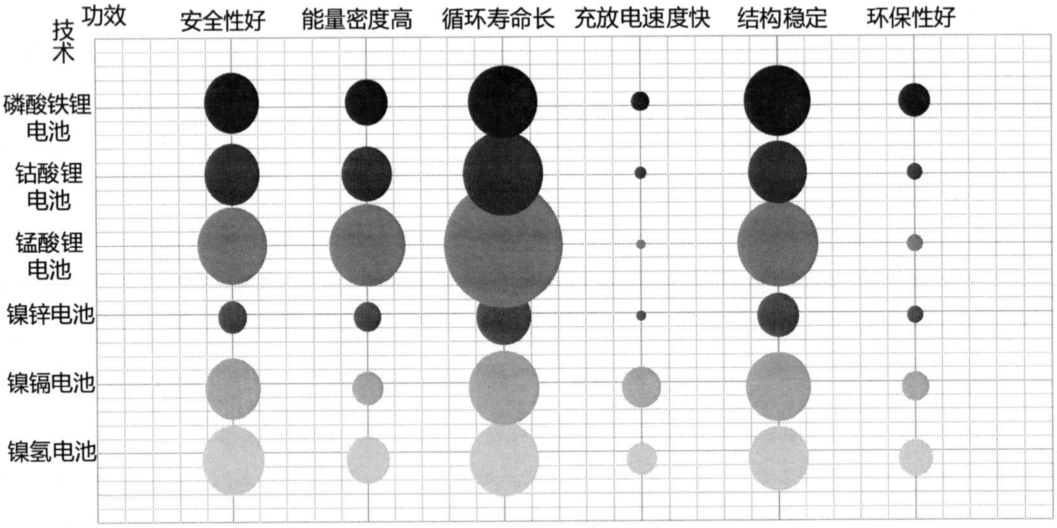

图 5–1 全球纯电动汽车动力电池技术功效矩阵图

2. 中国纯电动汽车动力电池技术功效分析

锂电池研发力度较大，在充放电速度和环保性能上存在薄弱点。从横向技术来看，镍氢电池、锰酸锂电池、钴酸锂电池和磷酸铁锂电池的专利总数较多。从纵向实现的功能来看，目前在安全性能、能量密度、循环寿命和结构稳定性方面所拥有的专利数较多，而在充放电速度和环保性能方面所做的研究还相对较少。总的来看，中国锂离子电池的专利总数远超过镍镉、镍氢和镍锌电池，说明锂离子电池作为近几年发展起来的技术，已处于不断的发展之中，并大有超越镍氢、镍锌、镍镉电池之势；在功能上，安全性、能量密度、循环寿命和结构稳定性功能方面各项技术的专利数都比较多，而在充放电速度和环保性能上目前的研究还比较少（见图 5–2）；而随着电池技术的不断完善，在其他性能得到实现的基础上，对充放电速度和环保性能的追求也会越来越高，在今后的技术研究中，应着重开发这两个功能。

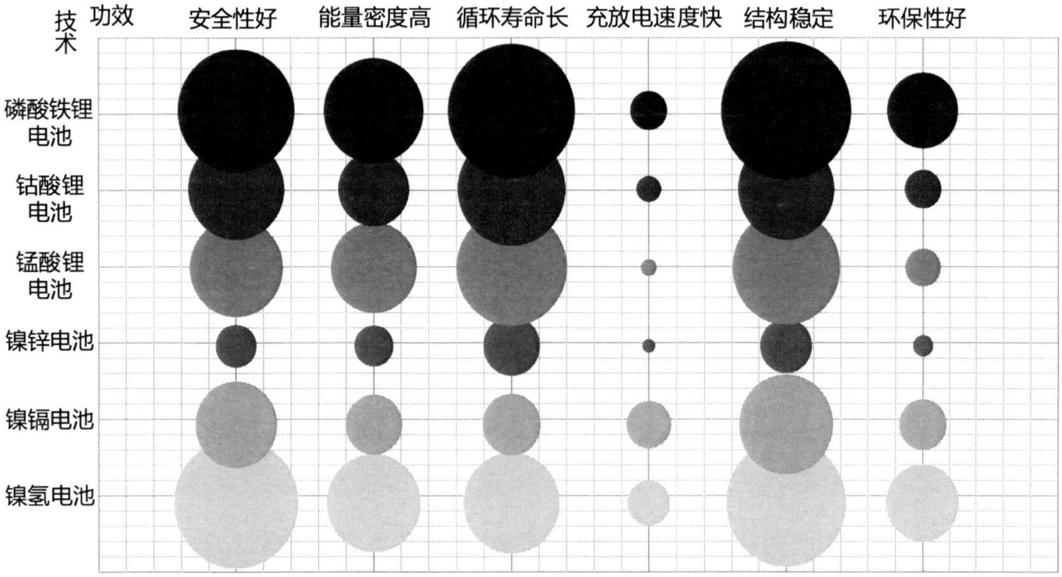

图 5–2　中国纯电动汽车动力电池技术功效矩阵图

5.1.3　纯电动汽车动力系统未来技术趋势判断

目前来看，由于锂电池相比其他类型的电池，具有比能量高、循环寿命长、自放率低、使用温度范围宽、无记忆效应等优势，所以除了轻度混合动力使用铅酸电池、中度混合动力车使用镍氢电池外，绝大多数新能源汽车都是使用锂电池作为其核心部件。

锂电池正极材料市场目前主要产品包括：钴酸锂、锰酸锂、磷酸铁锂和三元材料，三元材料近年来快速崛起，应用前景被看好（见图 5–3）。

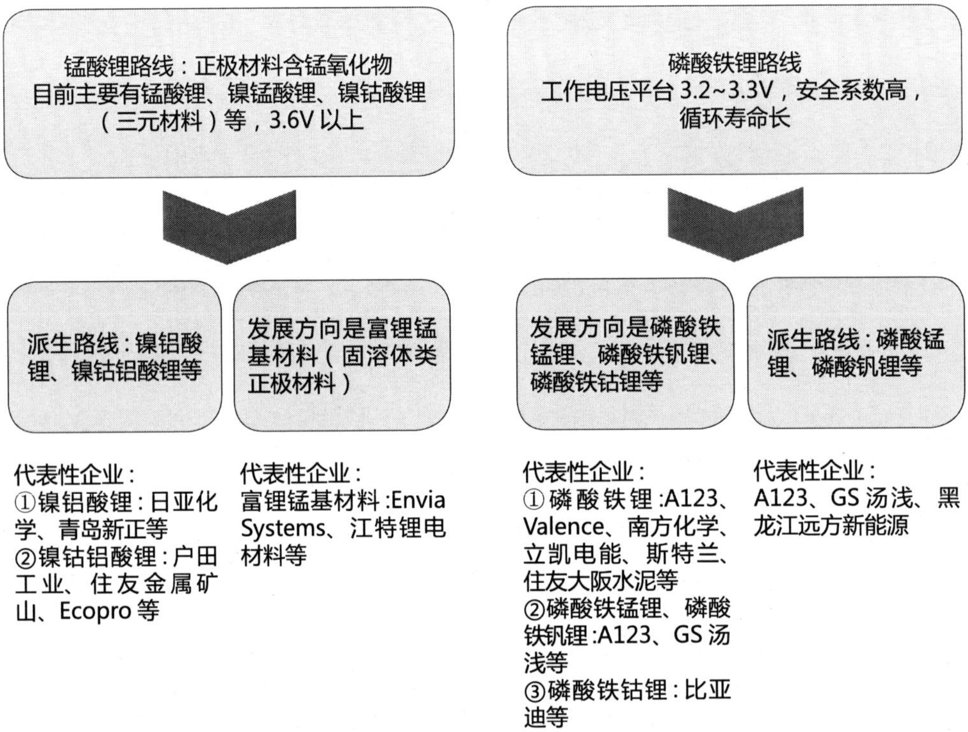

图 5-3 正极材料技术发展方向

现在主流液态电解质和凝胶态电解质都存在一定的安全隐患，有不少企业和科研机构在努力尝试开发固态电解质技术。电解质材料技术发展方向见图 5-4。

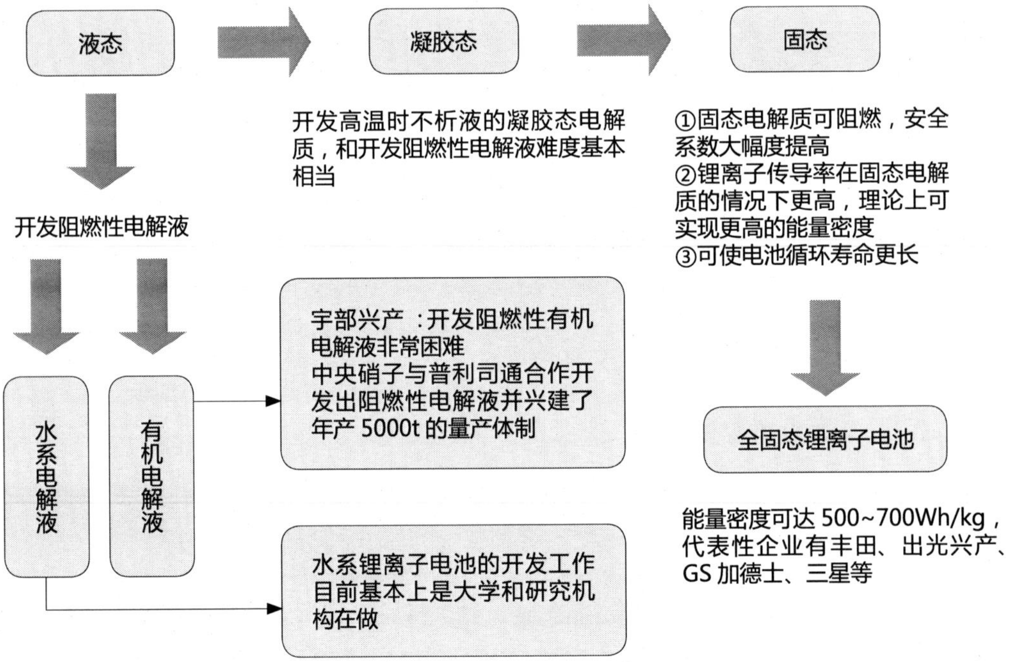

图 5-4 电解质材料技术发展方向

对于隔膜市场而言，干法工序简单，但工艺控制难，可以做单层膜，也可以做复合膜。湿法只能做单层膜，主要用于笔记本电脑、智能手机等。预计未来动力电池厂商将多以干法隔膜为采购对象。

5.2　车用燃料电池的技术趋势

5.2.1　目前车用燃料电池的技术重点

对车用燃料电池的专利情况进行文本聚类分析，发现制备方法、膜电极、催化剂层、双极板、燃料电池等作为一级技术点，是目前车用燃料电池专利中出现得比较多的技术点。质子交换膜燃料、阳极催化剂、电解质、电压电流控制、气体扩散层、固体聚合物、流场等则是二级技术点。

5.2.2　车用燃料电池技术功效分析

1. 全球车用燃料电池技术功效分析

对全国车用燃料电池的专利进行技术功效图绘制分析，按车用燃料电池的基本部件和基础工艺来分，基本部件包括电极、双极板、电控、膜电极组件、电解质、催化剂、外壳、密封、电堆和冷却装置，基础工艺包括能量制备和燃料储存。本书以车用燃料电池技术基本部件和基础工艺分类，考察专利在基本部件和基础工艺中的分布，再结合不同部件、工艺中的功效和性能的差别，构造出纵向为基本部件、工艺，横向为基本功效、性能的专利技术功效图，考察目前的专利技术的布局，探讨技术的未来发展。

从技术功效图 5–5 上可以看出，车用燃料电池专利申请点集中在电控、燃料制备和储存、冷却装置、电极这几个部件上，功效上主要关注温度控制、效率提升和成本降低。其中冷却装置的散热性也是专利申请的一个突出的集中点。

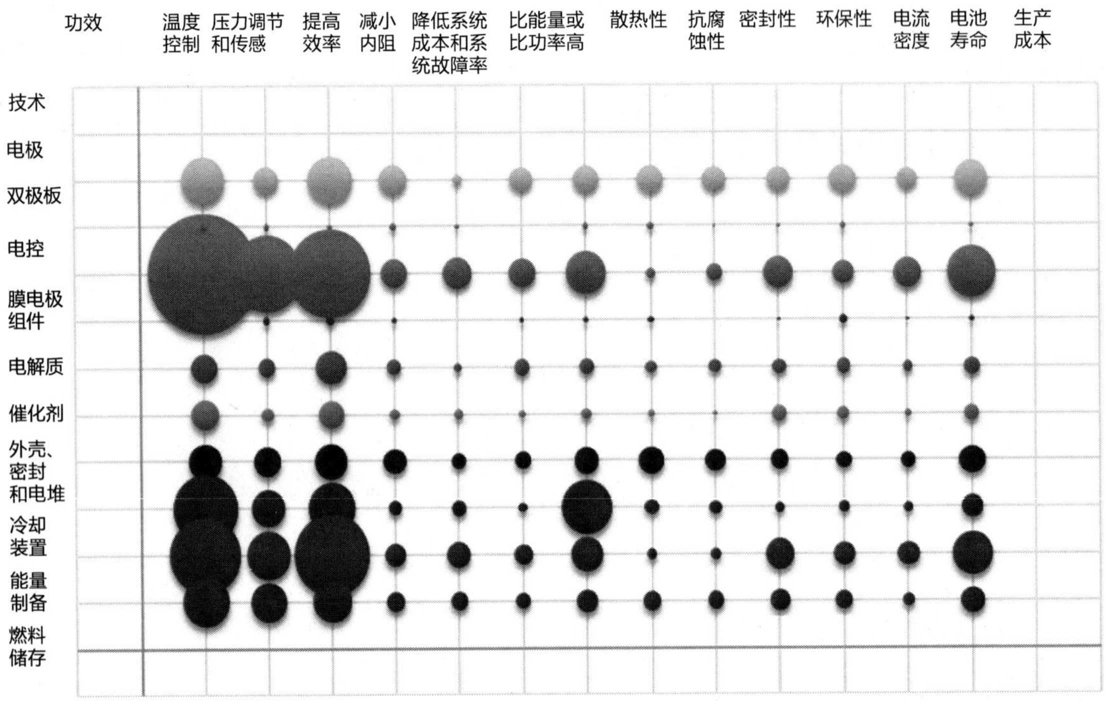

图 5-5 全球车用燃料电池的技术功效图

2. 中国车用燃料电池的技术功效分析

从技术功效上分析，与全球相比，国内对燃料制备上专利的申请比例比较高，其次是燃料电池外壳、密封和电堆的专利以及冷却装置，并且在车用燃料电池专利的布局方面更为分散，这从另一个角度反映了目前我国还未在掌握车用燃料电池核心部件的核心技术方面存在优势，见图 5-6。从功效上来说，与国际的关注点基本一致，对如何控制温度和提高电池效率最为关注，其次是关注散热性、压力调整和传感以及如何降低成本。无论是全球的还是国内的技术功效图，都可以看到，对提高膜电极组件、催化剂及其载体的抗氧化能力，质子膜的力学和化学稳定性，提高产品级寿命、提高系统零部件的可靠性方面还可以开展更多的研究，目前的专利布局上比较欠缺。

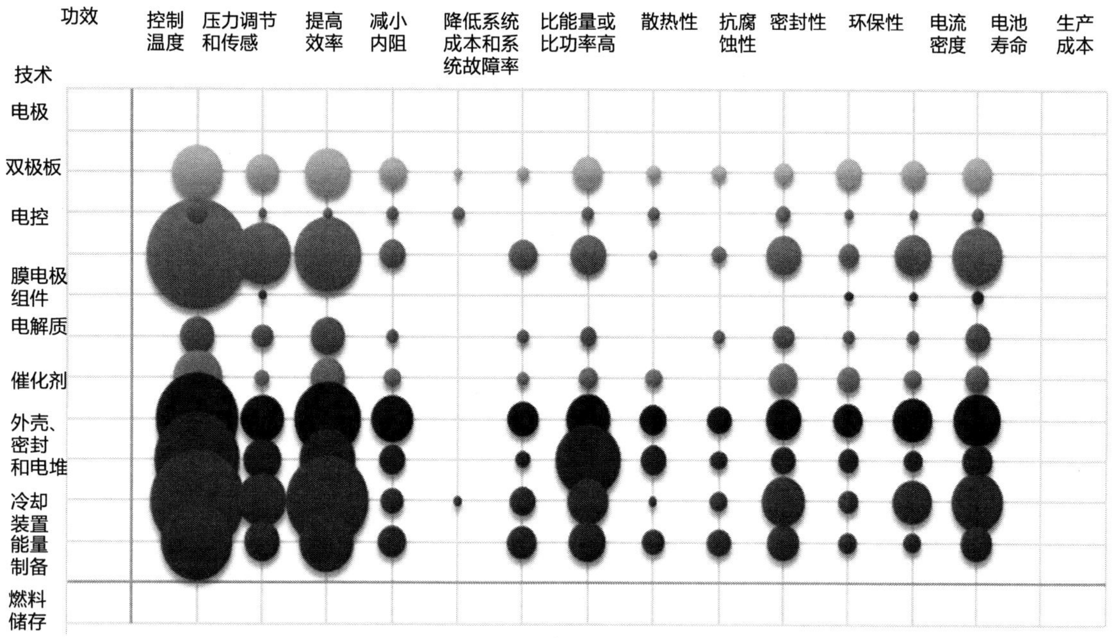

图 5-6　中国车用燃料电池的技术功效

5.2.3　车用燃料电池未来技术趋势判断

燃料电池是终极清洁能源技术，近年来动力电池的发展面临着方方面面的瓶颈和安全隐患，使得燃料电池又重新成为研究的重点。燃料电池最大优势就是能量密度高，是锂电池的 120 倍。但锂电池起步早，商业化程度更高，整车成本也更低，且充电可以利用现有的电网系统，相比燃料电池整个加氢和供氢的配套网络都要从头建设，成本也要更低。因此这两者的竞争核心就是能量密度和成本的竞争。成本下降是个工程问题，可以通过商业化来解决，而能量密度面对的却是基础科学领域的瓶颈，基本上是无解。因此本质上两者的区别是“道与术”的区别，从长期发展来看，燃料电池无疑潜力更大，也最有望成为下一代车用基础能源。2016 年底，国务院印发的《“十三五”国家战略性新兴产业发展规划》中指出，要系统推进燃料电池汽车研发与产业化。具体来说，包括加强燃料电池基础材料与过程机理研究，推动高性能低成本燃料电池材料和系统关键部件研发；加快提升燃料电池堆系统可靠性和工程化水平，完善相关技术标准；推动车载储氢系统以及氢制备、储运和加注技术发展，推进加氢站建设。

从车用燃料电池的技术领域分布看，电极、电控、燃料制备与存储、电解质、膜电极是目前国际上燃料电池领域重点研发的技术领域，尤其是电极、电控的研发近几年呈现非常活跃的状态。国内燃料电池关键材料与部件水平也得到了明显的提升，研制的催化剂、增强复合膜、碳纸、膜电极等性能已达到先进的国际同类产品水平，不过从总体布局上来看，与日本和美国在研发和应用方面的差距还十分明显。

质子交换膜燃料电池相比于其他几种类型的燃料电池，其用于汽车动力的可行性已经取得实质性的进展，下一步需要加大力度开发低铂（Pt）、高反应效率 CCM（催化剂制备到膜上）型薄催化层膜电极，用于提高电池效能，降低质子交换膜燃料电池价格。同时要改善阳极水管理，采取多种措施保证燃料电池汽车的耐久性。此外，高效的制氢技术及其储存技术也是未来车用燃料电池发展要突破的环节。若能解决储氢的关键问题，并将其应用于燃料电池汽车中，将大大提高新能源汽车的续航能力，解决给新能源汽车充电的问题。比如，固体氧化物燃料电池能量密度较高，虽然并不适用于车载储能式系统，但适合给电容车充电，可以在储能式充电站使用，作为纯电动车的配套。

5.3 超级电容的技术趋势

5.3.1 目前超级电容的技术重点

从 IPC 分布来看，超级电容领域全球专利主要集中在 H01G9（电解电容器、整流器、检波器、开关器件、光敏器件或热敏器件；其制造方法）、H01G11〔混合电容器，即具有不同正极和负极的电容器；双电层（EDL）电容器；其制造方法或其零部件的制造方法〕、C01B31（碳；其化合物）、B60L（电动车辆动力装置；车辆辅助装备的供电；一般车辆的电力制动系统；车辆的磁悬置或悬浮；电动车辆的监控操作变量；电动车辆的电气安全装置）。从专利地图来看，超级电容领域技术点分布于不同材质的电极材料、电解质、隔膜及其制备方法，以及超级电容的应用领域——汽车、计算机、储能系统、电源等的制造方法。再结合文本聚类分析，发现技术主要集中在超级电容单体及其制造方法、电极材料（活性炭、石墨烯、碳纳米管、金属氧化物等）及其制造方法、应用超级电容的电动车或混合动力车及其制造方法，其中电动车或混合动力车及其制造方法属于超级电容应用领域，是目前超级电容发展方向之一。

5.3.2 超级电容技术功效分析

1. 全球超级电容技术功效分析

为了解超级电容技术需求、研究热点和空白点，对超级电容按照组成部件进行分析。部件包括电极、隔膜、电解质（电解液）、集流体、外壳（密封）、黏结剂，功效研究主要涉及降低超级电容内阻、增加超级电容比电容量、提高超级电容能量密度、提高超级电容功率密度、延长超级电容循环使用寿命、提高超级电容循环稳定性、降低超级电容自放电率、加强超级电容结构设计八个方面。

从技术功效图上看，全球超级电容研究主要集中在电极、电解质（电解液），其次是外壳（密封）、隔膜，集流体、黏结剂两个部件技术领域专利申请量相对偏少，主要由于电极、电解质（电解液）是影响超级电容器性能的核心部件。功效中，降低超级电容内阻、增加超级电容比电容量、提高超级电容能量密度、提高超级电容功率密度、延长超级电容使用寿命五个方面，专利申请居多，对提高循环稳定性、降低自放电率、加强结构设计三方面的专利申请量较少，如图 5–7 所示。这与现阶段对超级电容的研究主要集中在能量、功率等重要性能指标，对超级电容结构设计研究相对较少的研究现状，基本一致。

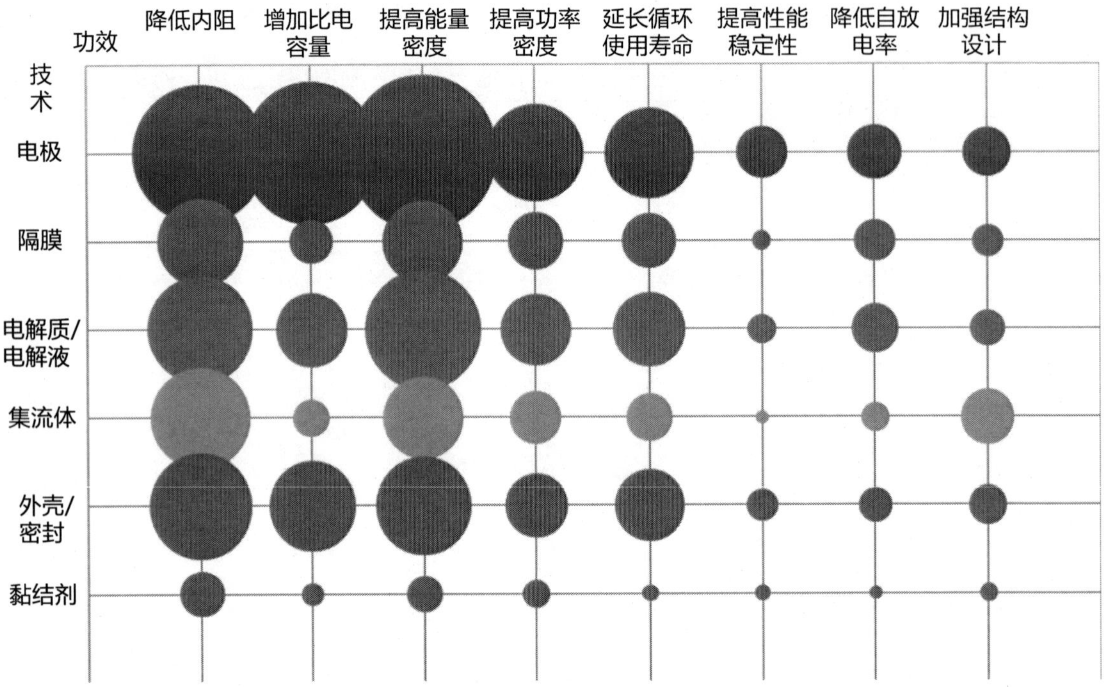

图 5-7 全球超级电容技术功效图

2. 中国超级电容技术功效分析

与全球相似，中国超级电容专利申请也集中于电极、电解质（电解液）两个部件，其次是在外壳（密封）部件，在隔膜、集流体方面的专利申请相对偏少，对于黏结剂的研究微乎其微，主要是由于国外电极、电解质技术垄断。近年来中国推出超级电容重大项目，加大对超级电容电极、电解质材料及其制备技术的研究力度，推进超级电容部件原材料国产化。从功效来看，在增加超级电容比电容量、提高超级电容能量密度、提高超级电容功率密度、延长超级电容循环使用寿命四个方面是中国申请人追求的功效热点，其次是降低超级电容内阻，较少涉及提高循环稳定性、降低自放电率和结构设计的研究，如图 5-8 所示。高比电容量、高能量和功率密度、长循环寿命是持续关注的技术热点，提高循环稳定性、降低自放电率和结构设计是今后技术发展的突破点。

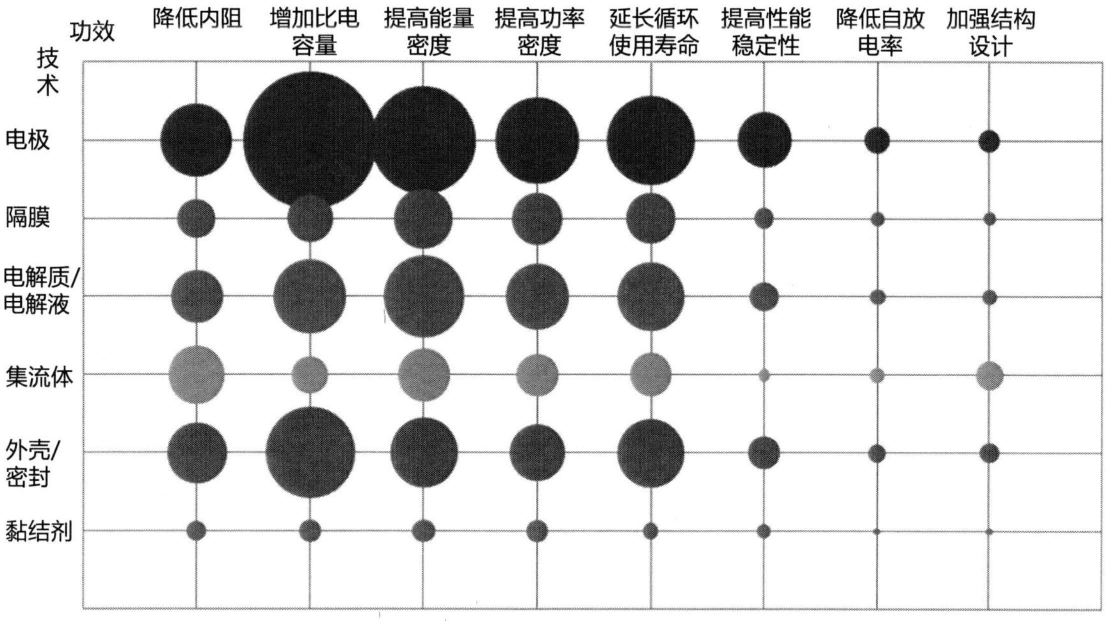

图 5-8 中国超级电容技术功效图

5.3.3 超级电容未来技术趋势判断

能量密度低是制约超级电容器发展与广泛应用的重要因素，是较难突破的技术瓶颈，因而提高超级电容器能量密度成为超级电容器的根本任务，也是难点所在。具体而言，寻找新型电极活性材料、新型高导电率电解质材料是目前乃至今后一段时期超级电容器研究的关注热点。原材料生产工艺和装备技术的改进是突破国外技术垄断，实现超级电容器产品一致性的关键所在，也是推进超级电容器原材料国产化的难点。超级电容器单体制备技术，如耐高压超级电容器单体制备技术、高比能超级电容器单体制备技术等，是“十三五”时期发展重点。超级电容集成设计、结构设计是目前研究较少，但未来值得重点关注的几个方面。锂离子超级电容器、混合型超级电容器等新一代超级电容器是重要发展方向。

在超级电容器应用方面，超级电容器系统组装、系统监测、模组集成技术、新能源汽车储能系统、均衡系统、外部电源管理、热管理系统，能源管理系统（CMS）等方面的研究和专利申请相对偏少，是研究重点。超级电容器与锂电池、燃料电池结合技术，是电动车应用的新关注点。超级电容客车、超级电容公交车、超级电容轨道交通车等技术突破，是持续关注热点。

参考文献

[1] Department of Energy The Recovery Act: Transforming America's Transportation Sector Batteries and Electric Vehicles[EB/OL].（2013–08–28）[2016–12–17].http://www.whitehouse.gov/files/documents/Battery–and–Electric–Vehicle–Report–FINAL.pdf.

[2] 什么是插电式混合动力车 [J]. 实用汽车技术，2010（1）: 6–7.

[3] 因蓄电池问题，三菱暂停生产欧蓝德插电式混合动力车和 i–MiEV 电动车 [J]. 汽车与配件，2013（14）.

[4] 中国汽车技术研究中心 . 新能源汽车蓝皮书 : 中国新能源汽车产业发展报告（2013）[M]. 北京 : 社会科学文献出版社，2013.

[5] 胡兴军 . 碳纤维在汽车上的应用 [J]. 技术与市场，2008（23）.

[6] 刘海东 . 乘用车轻量化绿色效应评价理论与方法研究 [D]. 长春 : 吉林大学，2011.

[7] 朱敏慧 . 先进高强度钢性价比和安全性高的汽车轻量化基础材料 [J]. 汽车与配件,2014(19).

[8] 吕鹏辉，陆科，叶茂，成英，钟永恒 . 我国新能源汽车及其轻量化材料科技成果计量分析 [J]. 现代情报，2011（31，7）.

[9] 漓莎 . 陶氏 : 满足轻量化需求的可持续解决方案 [J]. 汽车与配件，2014（19）.

[10] 陈琦 . 势在必行的汽车轻量化 [J]. 汽车与配件，2014（18）.

[11] 范军锋 . 现代轿车轻量化技术研究——新材料技术、轻量化工艺和轻量化结构 [J]. 汽车工艺与材料，2009（2）.
[12] 冯美斌 . 我国商用车轻量化技术现状及发展动向 [J]. 汽车工艺与材料，2009（2）.
[13] 王智文 . 汽车轻量化技术发展现状初探 [J]. 汽车工艺与材料，2009（2）.
[14] 兰凤崇，庄良飘，钟阳，等 . 乘用车车身结构轻量化设计技术研究与实践 [J]. 汽车工程，2010，32（9）.
[15] 马鸣图，易红亮 . 高强度钢在汽车制造中的应用 [J]. 热处理，2011，26（6）.
[16] 韩文干 . 避“重”就“轻”：商用车及其零部件渐入佳境 [J]. 现代零部件，2012（11）.
[17] 朱远乐 . 基于超级电容的储能系统研究 [D]. 成都：西南交通大学，2010.
[18] 王应海 . 混合动力电动代步车关键技术的研究 [D]. 镇江：江苏大学，2011.
[19] 李超 . 电电混合电动汽车制动能量反馈的仿真研究 [D]. 合肥：合肥工业大学，2009.
[20] 于凌宇，冯玉萍 . 世界超级电容器发展动态 [J]. 今日电子，2008（12）.
[21] 马鹏宇 . 超级电容混合动力汽车充电系统研制 [D]. 哈尔滨：哈尔滨工程学院，2009.
[22] 曹秉刚，曹建波，李军伟，等 . 超级电容在电动车中的应用研究 [J]. 西安交通大学学报，2008，42（11）.
[23] 崔淑梅，张千帆，宋立伟，等 . 超级电容电动车动力性能的研究 [J]. 微电机，2005，38（4）.
[24] 高巧云，崔学深，张健，等 . 超级电容蓄电池混合储能直流系统工作特性研究 [J]. 现代电力，2013，20（6）.
[25] 金朝勇，张炳力，徐小东，等 . 车用超级电容的建模与仿真 [J]. 农业装备与车辆工程，2009（8）.
[26] 李玉鹏，周时国，杜颖颖 . 超级电容器及其在新能源汽车中的应用 [J]. 客车技术与研究，2014（2）.
[27] 刘海晶，夏永姚 . 混合型超级电容器的研究进展 [J]. 化学进展，2011，23（2/3）.
[28] 刘红梅 . 由专利信息透视超级电容器电极材料的研究进展 [J]. 电子元件与材料，2011，20（8）.

[29] 刘红梅，王志宇，张颖，等 . 超级电容器专利技术现状及其发展趋势分析：各行各业专利技术现状及其发展趋势报告（2008—2009）[M]. 北京：知识产权出版社，2009：106–143.

[30] 刘志祥 . 超级电容器相关技术研究 [D]. 哈尔滨：哈尔滨工程学院，2002.

[31] 强国斌，李忠学，陈杰 . 混合电动车用超级电容能量源建模 [J]. 能源技术,2005(26,2).

[32] 张莉 . 混合型超级电容器的相关理论和实验研究 [D]. 大连：大连理工大学，2006.

[33] 宋金岩 . 混合型超级电容器的建模与制备研究 [D]. 大连：大连理工大学，2010.

[34] 孙静霞 .Plug–in HEV 复合电源系统参数匹配及控制策略研究 [D]. 淄博：山东理工大学，2011.

[35] 王新彦，糜鹏，袁春元，等 . 电动车制动能量回馈下超级电容器的储能特性 [J]. 机械设计与研究，2014，30（1）.

[36] 王红梅，徐顺余，吴兵 . 插电式混合动力汽车用动力蓄电池探析 [J]. 上海汽车,2007(11).

[37] 胡欢 . 插电式混合动力汽车现状 [J]. 城市车辆，2009（7）.

[38] 李锦，徐兆坤，许建昌 . 浅谈 PHEV 的发展现状及趋势 [J]. 上海汽车，2009（2）.

[39] 张雄飞，何天明，张献伟 . 新型混合动力汽车（PHEV）技术简介 [J]. 城市车辆,2008(8).

[40] 叶明，舒红，陈然 . 插电式混合动力客车工作模式切换控制研究 [J]. 中国公路学报，2012，25（1）.

[41] 杨奕武 . 插电式混合动力车前景光明 [J]. 汽车与配件，2012（33，4）.

[42] 吴为理，兰凤崇，陈吉清，等 .Plug–in 混合动力汽车动力系统参数设计成本效益分析 [J]. 机械科学与技术，2013，32（3）.

[43] 孙钦云，商高高 .PHEV 驱动系统结构分析与仿真研究 [J]. 车辆与动力技术，2012（2）.

[44] 李骏，赵子亮，刘明辉，等 . 插电式双电机强混合动力轿车的参数匹配 [J]. 吉林大学学报（工学版），2011，41（2）.

[45] 司康 . 给插电式混合动力客车的开发泼点冷水 [J]. 汽车工业研究，2011（11）.

[46] 谭德荣，孙静霞，王兴伟 . 基于 ADVISOR 二次开发的 Plug–in HEV 模糊控制研究 [J].

重庆交通大学学报（自然科学版），2011，30（5）.

[47] 罗国鹏，罗禹贡，李克强 . 基于最佳电能使用的插电式混合动力客车控制策略 [J]. 汽车工程，2012，34（6）.

[48] 白宁，张继辉，王松科 . 论混合动力汽车结构、原理及发展前景 [J]. 中国机械，2014(8).

[49] 王斌 . 新能源汽车发展之我见 [J]. 市场周刊（理论研究），2013（9）.

[50] 王飞，刘建国 . 混合动力汽车（HEV）技术分析 [J]. 安阳工学院学报，2010（9，6）.

[51] 金永花，李相俊 . 新能源汽车的经济性分析——以比亚迪 PHEV 和 BEV 为例 [J]. 可再生能源，2012（6）.

[52] 李振磊 . 基于双离合器的插电式 MPV 混合动力系统匹配技术研究 [D]. 长沙：湖南大学，2010.

[53] 刘玺斌 . 插电式混合动力城市公交大客车关键技术研究 [D]. 西安：长安大学，2013.

[54] 张冰战 . 插电式混合动力电动汽车能量管理策略研究 [D]. 合肥：合肥工业大学，2011.

[55] 徐峰 . 插电式混合动力汽车开发研究 [D]. 长春：吉林大学，2013.

[56] 李建秋，方川，徐梁飞 . 燃料电池汽车研究现状及发展 [J]. 汽车安全与节能学报，2014(1).

[57] 陈长聘，王新华，陈立新 . 燃料电池车车载储氢系统的技术发展与应用现状 [J]. 太阳能学报，2005（7）.

[58] 倪红军，吕帅帅，等 . 氢燃料电池汽车动力系统与储氢系统的研究 [J]. 现代化工，2013(12).

[59] 曾鹏 . 我国新能源汽车发展现状及问题 [J]. 上海汽车，2009（8）：5-7.

[60] 韩怀玉 . 我国新能源汽车产业发展的国际比较研究 [D]. 西安：陕西师范大学，2012.

[61] 墨柯 . 下一代二次锂电池发展趋势及展望 [J]. 新材料产业，2013（10）:4-8.

[62] 中国电子信息产业发展研究院 . 锂离子电池产业发展白皮书 [R/OL].（2015-05-11）[2016-12-08].http://www.escn.com.cn/news/show-237053.html.

[63] 王福鸾，杜军，裴金海 . 全球锂电池市场状况和应用发展综述 [J]. 电源技术，2014（3）：564-568.

[64] 杨汉西 . 锂电池领域发展态势分析 [J]. 科学观察，2013（1）:51-54.

[65] 赵辰 . 石油时代即将落幕，燃料电池 vs 锂电池谁将胜出 [EB/OL].（2016-05-30）[2016-12-19].http://www.toutiao.com/i6290673329640571394/.

[66] 广发机械罗博团队 . 燃料电池专题研究系列一：燃料电池，新能源装备产业链下一个风口 [EB/OL].（2016-07-05）[2016-12-19]. http://finance.qq.com/a/20160705/056696.htm.

[67] 东吴机械汽车团队 . 燃料电池系列报告一：寻找国内的“隐形冠军”[EB/OL].（2016-07-30）[2016-12-20]. http://mp.weixin.qq.com/s?__biz=MzA5NjIyNDk0OA%3D%3D&idx=1&mid=2649877285&scene=0&sn=605734c3801b59fcbed37da947668cfb.

[68] 安信电力设备新能源研究团队（黄守宏等）. 燃料电池产业分析之一：星星之火，正待燎原 [EB/OL].（2016-07-11）[2016-12-20]. http://finance.qq.com/a/20160712/019278.htm.

[69] 华泰证券 . 加氢站投资模式及技术路线研究——燃料电池产业系列研究之二 [EB/OL].（2016-09-06）[2016-12-21]. http://finance.qq.com/a/20160906/014839.htm.

[70] 满天芯 . 国内动力电池企业大汇总，看完这篇就够了！ [EB/OL].（2016-04-22）[2016-12-21]. https://sanwen8.cn/p/1b9JyEE.html.

[71] 日本科技观察 . 从丰田氢动力车“MIRAI”（未来）的“高压储氢罐”说起 [EB/OL].（2016-11-04）[2016-12-21]. https://sanwen8.cn/p/y09xth.html.